专业制胜

——电力科技知识服务平台建设与运营探索

赵焱 ◎ 主编

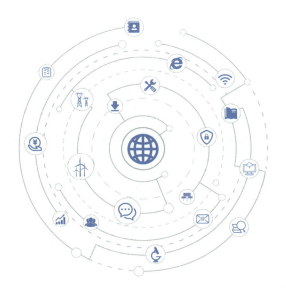

中国电力出版社
CHINA ELECTRIC POWER PRESS

内 容 提 要

在当今互联网蓬勃发展的时代背景下，知识的生产、传播、获取方式发生深刻改变，知识服务已经成为出版服务的重要方式。传统出版单位如何将优质的内容与先进的技术深度融合，打造符合产业发展趋势和用户需求的内容精品，是摆在每一位出版人面前的时代命题。本书介绍了英大传媒集团顺应文化产业发展潮流、电力科技发展趋势及科研工作者的现实需求，搭建独具电力行业特色的一体化知识服务平台，不断聚集能源电力领域科技知识资源，为全行业提供一站式知识服务的目标、路径以及实施全过程，具体包括知识服务与知识服务平台的溯源与发展现状、电力科技知识与知识服务标准体系的构建、电力科技知识服务平台设计与开发方案、电力科技知识服务平台关键技术、电力科技知识服务平台运营效果等方面的思考。

本书可供出版单位战略规划部门、传统编辑部门、信息中心及数字出版部门的管理人员和工作人员参考，也可以为知识服务平台技术开发人员提供借鉴。

图书在版编目（CIP）数据

专业制胜：电力科技知识服务平台建设与运营探索／赵焱主编．—北京：
中国电力出版社，2021.1
ISBN 978-7-5198-4747-0

Ⅰ．①专… Ⅱ．①赵… Ⅲ．①电力工业—科学技术—知识管理—研究—中国 Ⅳ．① F426.61

中国版本图书馆 CIP 数据核字（2020）第 103481 号

出版发行：中国电力出版社
地　　址：北京市东城区北京站西街 19 号（邮政编码 100005）
网　　址：http://www.cepp.sgcc.com.cn
责任编辑：刘　炽　何佳煜
责任校对：黄　蓓　朱丽芳
装帧设计：锋尚设计
责任印制：杨晓东

印　　刷：北京瑞禾彩色印刷有限公司
版　　次：2021 年 1 月第一版
印　　次：2021 年 1 月北京第一次印刷
开　　本：787 毫米 ×1092 毫米　16 开本
印　　张：11.75
字　　数：180 千字
印　　数：0001—1500 册
定　　价：58.00 元

编 写 组

主　　编　赵　焱

副 主 编　刘前卫　　张　渝　　胡江溢　　赵生传　　王建江

编写人员　盛　兴　　张　涛　　聂　庆　　谢秋学　　贺　芳

　　　　　　　马　青　　常　秀　　孙　金　　吴培培　　王馨音

　　　　　　　俞　俊　　张　楠　　商莹楠　　刘　斌　　张婷婷

前言

　　互联网的发展让用户在容易获得碎片化知识的同时，也面临内容筛选难、精品内容少的问题。快速获得权威、高质量的内容，是每一位用户，尤其是专业用户的需求。进入2016年知识付费元年后，这些需求得以实现。在知识付费生态下，内容平台方更关注内容价值的生产，以PGC（professional generated content，专业生产内容）来提供更加精准、权威的内容，并向深度和纵向发展；用户方获取信息的方式也从无意接受变为主动获取，更倾向于专业、垂直的知识，对深度学习和知识沉淀的需求更加强烈。知识付费也以知识共享、社群电商、移动音频、移动视频等形式受到用户的认可。在这个大背景的驱动下，各传统学术出版机构凭借自身雄厚的专业内容资源和作者资源，纷纷开始数字化转型，依托各种专业化平台提供知识服务。

　　从2015年起，在原国家新闻出版广电总局的推动下，相继分三批遴选出110家知识资源服务模式试点单位，各单位在数字出版、知识服务方面进行了各种探索。2019年10月，国家新闻出版署组织遴选出95个数字出版精品项目，以推动出版与科技深度融合、实现出版业高质量发展。英大传媒投资集团有限公司（后文简称英大传媒集团）下属的中国电力出版社作为第一批28家试点单位之一，也开始数字化转型的摸索与尝试，2016年开始组织专门力量，聚焦专业垂直领域，建设电力科技知识服务平台。经过3年多的建设，已经初步建成了集电力文献、标准、图书、专利、成果、实验室于一体的专业知识服务平台。

　　电力科技知识服务平台的建设重点集中在三个方面。一是资源的整合，平台立足电力行业，汇聚特色资源，不仅仅是自有出版资源的汇总和加工，更多的是从行业视角出发，结合项目独有的电力知识体系，实现一站式检索，满足行业用户搜索和学习需要。二是注重先进技术应用，采用人工智能领域的自然语言处理、知识图谱技术和可视化工具等技术，形成行业知识图谱，生成互动式检索和探索式知识发现，提升用户检索的准确性和趣味性。三是注重知识共享，平台与国家重大科研基础设施和大型科研仪器网络管理平台、国家知识服务平台实现互联互通，可以助力知识共享和发现，提高社会效益。本书就是对知识服务与互联网技术的融合进行的探索与总结。

本书从知识服务的概念出发，重点介绍了电力知识体系、自建垂直领域搜索引擎和电力知识图谱三大平台特色，并就如何开展平台运营进行了探讨，最后对英大传媒集团在数字出版转型方面的思考与措施进行了介绍。

平台的建设与运营过程，也是我们对数字出版转型、知识服务理解不断深化的过程。基于已有知识，对内容的整合和服务内涵的延伸才是知识服务的发展方向。我们对知识服务的探索还处于丰富完善的过程中，书中难免有疏漏和局限，恳请广大读者和专家批评指正。希望我们的探索能够助力专业出版单位的数字化转型，为用户个性化、定制化服务需求提供技术参考。

编者

2020年6月

目录

第二章 电力科技知识与知识服务标准体系

第三章 电力科技知识服务平台设计与开发

④ 第四章　电力科技知识服务平台关键技术

⑤ 第五章　电力科技知识服务平台运营

第一章

知识服务与知识服务平台

近年来，知识服务已成为出版行业关注的热词，尤其在互联网技术与内容深度融合的今天，知识服务已经成为传统出版业转型升级的重要方向。本章主要介绍知识服务相关概念、起源与发展，以及知识服务平台的建设运营情况。

第一节　数据、信息与知识

一、数据

数据是人们用各种工具和手段观察外部世界所得到的原始材料，是进行各种统计、计算、科学研究或技术设计等所依据的数值。从定义上看，数据仅仅是记录信息的按照一定规则排列组合的物理符号，缺乏组织及分类，无法明确表达事物代表的意义。它可以单指数字，也可以是具有一定意义的文字、字母、数字符号的组合，还可以是图形、图像、视频、音频等。此外，客观事物的属性、位置及相互关系等抽象表示也是数据。

在计算机系统中，数据以二进制信息单元0、1的形式表示。在电力行业，电力数据是通过传感器、智能设备、视频监控设备、音频通信设备、移动终端等各种数据采集渠道收集到的结构化、半结构化、非结构化的业务数据。

二、信息

信息作为一个科学术语最早出现在哈特莱（R. V. Hartley）于1928年撰写的《信息传输》一文中。20世纪40年代，信息的奠基人克劳德·艾尔伍德·香农（Claude Elwood Shannon）给出了信息的明确定义，他认为"信息是用来消除随机不确定性的东西"，这一定义被人们看作经典性定义并加以引用。此后，信息被广泛应用于各个领域，许多研究者从各自的研究领域出发，给出了不同的定义，因此不同领域对信息的定义各不相同。电子学家、计算机科学家认为"信息是电子线路中传输的信号"。美国信息管理专家霍顿（F. W. horton）认为信息是为了满足用户决策的需要而经过加工处理的数据。简单地说，信息是经过加工的数据，或者说，信息是数据处理的结果。在信息服务过程中，一次文献和二次文献都称为信息，作为素材化材料提供给用户。

三、知识

知识是人类在实践中认识客观世界（包括人类自身）的成果，是人类从各个途径中获得的经过提升总结与凝练的系统认识，它包括事实、信息的描述，以及在教育和实践中获得的技能。知识是可用于指导行动的信息，而信息能否转化为知识，取决于信息接收者对信息的理解能力，也就是说，不同领域的用户对同一信息的理解所形成的知识是不同的，即知识是在信息和经验的基础上形成的。

根据著名知识管理专家托马斯·达文波特（Thomas h.Davenport）的观点，知识比信息和数据更有价值，是因为知识更贴近行动。知识可以分为显性知识和隐性知识，显性知识是以语言、文字、图表等方式表述出来的知识，而隐性知识则是未被表述、难以言述的知识。知识可以看成构成人类智慧的最根本的因素，知识具有一致性、公允性，要以逻辑而非立场来判断其真伪性。

概括地说，数据是形成信息的重要原料，信息是经过加工、处理、解释的数据，对信息进行再加工并深入分析和总结，才能获得有用的知识。数据、信息与知识的关系如图1-1所示。

图1-1 数据、信息与知识的关系

第二节　知识服务的内涵与模式

一、知识服务缘起与发展

（一）知识服务的缘起

知识服务（knowledge services）的概念源于20世纪90年代，是在知识经济浪潮和信息技术发展的推动下，为适应社会对知识共享与创新的需求而产生的。知识经济以知识、信息的流通为核心，在网络化体系内随各种要素间的互动而发展。企业作为社会的基本经济细胞，是这一网络化体系的核心环节，企业技术创新体现在知识的生产、扩散和应用的全过程。随着知识经济快速兴起，知识服务开始受到广泛重视。

知识服务是指从各种显性和隐性知识资源中按照人们的需要有针对性地提炼知识和信息内容，搭建知识网络，为用户提出的问题提供知识内容或解决方案的过程。这种服务的特点在于，它是一种以用户需求为中心的、面向知识内容和解决方案的服务。

随着网络时代和知识经济的飞速发展，人们获取知识的途径增加，获取知识的技能大大提升，对知识的个性化需求也日益增长。为满足不同用户需求，必须加强知识管理和再创新服务，积极参与到用户解决问题的过程中，通过信息化的手段和场景化的表达方式，将用户需要的知识呈现出来，为用户提供深层次智力服务，进而体现知识服务的价值。

（二）知识服务的发展

知识服务最早出现在图书情报、档案领域。新闻出版"十三五"发展规划中，将"增强新闻出版业的文化服务与信息内容服务能力"

作为工作目标，明确了出版业知识服务的重要性。知识服务不仅仅打破了传统出版物载体的局限性，更根本的改变在于它是紧密围绕读者的知识传递，从用户的需求出发为用户提供有用的信息和知识，以满足用户个性化的知识诉求。可以说，知识服务既是传统出版单位数字化转型的现实需求，也是我国出版业实现转型升级的重要方向。

2014年，原国家新闻出版广电总局、财政部联合发布《关于推动新闻出版业数字化转型升级的指导意见》，明确提出重点支持部分专业出版社按服务领域划分、联合开展专业数字内容资源知识服务模式探索。同年，原国家新闻出版广电总局启动了旨在推动新闻出版行业转型升级的"国家数字复合出版系统工程"。2015年，国务院印发《促进大数据发展行动纲要》，提出要建立国家知识服务平台与知识资源服务中心。2016年，原国家新闻出版广电总局正式批复中国新闻出版研究院筹建知识资源服务中心，启动建设国家知识服务平台。同年，国务院发布的《国家创新驱动发展战略纲要》明确，到2020年，我国知识密集型服务业增加值要占国内生产总值的20%。2019年，国家新闻出版署印发《关于组织实施数字出版精品遴选推荐计划2019年度项目申报工作的通知》，这是国家新闻出版署首次组织对数字出版产品和服务进行整体遴选推荐，引导出版单位推出更多优秀数字出版产品和服务，推动出版与科技深度融合，实现出版业高质量发展。

从2015年《关于确定专业数字内容资源知识服务模式试点单位的通知》下发以来，截至2018年，先后遴选了110家出版单位、高校和科研院所成为试点单位。目前遴选出的110家知识资源服务模式试点单位已研发出超过100款的知识服务产品，其中专业试点单位的知识服务产品涵盖了教育、法律、建筑、农业、医药卫生、水利、交通运输、知识产权、电力、地图、海洋、化工等专业领域，这些产品基本上都是出版社或期刊社利用自身优势，精选内容资源，并进行结构化、知识化加工来构建专业知识库，打造了多款知识产品，为该领域各类型用户提供专业的知识服务和解决方案。专业出版单位知识服务的发展也直接推动了大数据在出版领域的落地和应用，产生了一定的示范效应，将推动新闻出版业的转型升级迈入新阶段。

二、知识服务的特征

知识服务作为一种全新的服务理念，具备以下特征。

（一）以用户满意为目标

知识服务根据用户实际任务选择搜集各种信息，为用户克服因信息分散而造成的检索困难提供索引指南，为用户便于理解和吸收知识提供经过加工整理后的新知识产品。它关注和强调利用自己独特的知识集成和整合能力，为用户创造价值，帮助用户解决他们自身难以解决的问题。

（二）面向知识内容

知识服务非常重视用户的需求分析，根据问题和问题环境确定用户需求，通过知识的抽取和重组来形成易于理解和使用、符合用户需求的知识产品，并对知识产品的质量进行评价。通过各个外部信息源收集、分类、组织和识别知识，然后用聚类的方法找出与用户需求相匹配的知识。通过知识传递将恰当的知识在最恰当的时间内传递给最需要的用户。

（三）面向解决方案

知识服务致力于帮助用户找到或形成解决方案。信息和知识的作用最主要地体现在对解决方案的贡献，而解决方案的形成过程又是一个对信息和知识不断查询、分析、组织的过程。因此，知识服务将围绕解决方案的形成和完善而展开，根据用户的需求对信息和知识进行不断地查询、分析和组织，从而动态地、数据化地为用户提供服务。

（四）面向增值服务

知识服务通过对文献进行加工，形成新的具有独特价值的信息产品，解决用户不能解决的问题。它通过知识和专业能力为用户创造价值，通过直接解决用户最关键的需求来提高价值，而不仅仅是基于资源占有、规模生产、劳务服务等体现价值。

（五）服务内容个性化

个性化的服务强调针对具体用户的特定需求和过程提供连续的具体的服务，即根据用户提出的明确要求提供知识服务，或通过对用户个性、使用习惯的分析而主动向用户提供其可能需要的知识服务。个性化服务必须摸清用户个人的特定需求，并针对用户的具体要求来制作具有个性化的知识产品，提供具体的知识内容。

三、知识服务模式

（一）知识检索

知识检索依托丰富的内容资源，以大数据、云计算等技术为基础，以满足用户的个性化需求为目标，不断为用户提供更高效、精准和迅捷的知识内容获取服务。该模式以海量知识内容为依托，基于资源的元数据，借助语义标引、语义索引技术、知识关系揭示技术、知识组织和存储技术等关键技术，对数据进行结构化加工，建立知识组织体系，定制检索范式，从而使用户精确、高效检索。

知识检索平台具有资源多样化的特点，不仅能为用户提供大量文本信息，还能提供海量的音视频等资源。不同的资源形式适用于不同场景，如中国建筑工业出版社推出的中国建筑全媒体资源库与专业信息服务平台，以现有资源为基础，发展特色知识服务，构建全媒体资源库，提供建筑图书在线、建筑图库等服务，满足了特定用户在特定场景下的特定需求。

（二）知识学习

知识学习模式以慕课（MOOC）为代表，为用户提供学习空间，帮助用户提高知识水平和技能水平。线上知识学习与线下课堂学习联系紧密，丰富课堂教学模式。如中国大学慕课网为学校提供学校云服务，帮助学校、企业建立自己的在线课堂，提供从技术方案、课程内容、教学管理到大数据支持的一站式解决方案。教师减少线下重复讲课时间，并且可通过线上的大数据实时追踪学生的学习状况，更好地为学生提供个性化教学；学生通过学校云参与线上课程，多终端进行学习，时间安排更加灵活。

（三）知识问答

知识问答模式是通过单个专家或专家团体解答用户问题，为用户提供解决方案。该模式具有互动性、即时性的特点，突破了空间限制，将专家集合起来，为用户与专家建立桥梁，使知识咨询变得简单、易操作。

知识问答平台可将UGC（user generated content，用户生成内容）与PGC（professional generated content，专业生产内容）相结合，更好地满足用户需求。对于用户提出的深度知识疑问，平台内的普通用户可能难以解答，这就需要平台邀请专家、专业组织入驻，为用户提供更好的解决方案。用户既可以向平台用户询问，也可以向平台特邀专家团队咨询。

（四）知识订阅

知识订阅模式只为订阅者提供相应的知识推送服务，以知识提供者或平台的影响力来号召用户订阅。该模式具有交互性、连续性与系统性的特点。许多知识订阅平台通过分析用户点击、点赞和删除等操作行为来了解用户喜好，从而为用户推送关注度高的内容。与此同时，用户初期也需要提前告知平台自身喜好，故知识订阅平台常常在用户注册时提供喜好标签供其选择。目前，我国的推荐引擎产品"今日头条"可为出版社开展知识订阅服务提供范例，其完善、先进的算法能精准地为用户提供有价值、个性化的信息。用户订阅后，平台会就某个特定领域为用户在较长周期内提供系统性知识，使用户对某一特定领域有较为清晰、直观和深刻的理解。

第三节　知识服务产品与知识服务平台

一、知识服务产品的发展和分类

（一）知识服务产品的发展

提供知识服务的互联网产品，即为广义上的知识服务产品。在知识服务经济由初始渐进成熟的发展历程中，不同时期涌现出了多种多样的知识服务产品。

2011～2015年为知识服务产品的萌芽期，以少数互联网知识服务运营商为"领头羊"推出了小范围的知识服务付费功能。例如，2011

年，豆丁网推出付费阅读功能；2013年，"罗辑思维"招募付费会员；2014年，微博开通打赏功能；2015年，微信推出赞赏功能。这一阶段的产品形态以打赏、付费阅读为主，属于小规模、随机的个体行为。

2016～2017年进入井喷式发展阶段，知识服务产品数量与用户数量激增。从2016年3月到2017年2月，分答、得到、千聊等新兴平台上线，知乎、喜马拉雅FM、蜻蜓FM等互联网知识服务产品陆续开通付费栏目，行业参与者迅速增多，整体呈"跑马圈地"之势。规模较大、资源相对丰富的专业出版社也逐渐设立专门的数字出版部门，积极主动地参与知识服务的行业竞争。

2018～2019年知识服务行业进入拐点，逐渐趋于成熟和冷静。用户由焦虑冲动型购买转向兴趣驱动式订阅，开始更加注重用户体验；知识服务产品的细分类目拆整为零，日趋多元；垂直领域知识服务运营商拓展多元化发展，互联网巨头探索跨界布局；专业出版社知识服务逐渐形成完整的产业链，包括国内出版社、国外出版公司及代理机构、数字出版分发平台、数字制作与支持公司等均参与其中，各方分工协作。

如今，知识服务浪潮伴随着消费升级和终身学习的趋势蔚然成风，各大平台竞争态势激烈，出版商必须清楚把握各类产品的特点，并与自身优势相结合，这是未来发展和决胜的关键。

（二）知识服务产品的分类

知识服务产品有多种分类方式：按照服务对象的不同，可分为面向机构用户（B端）和面向个人用户（C端）的产品；按照运行平台的不同，可分为移动端、PC端及其他智能终端产品；按照用户需求的不同，可分为平台型、交易型、社交型、内容型、工具型和游戏型产品。

其中平台型产品功能繁多，涉及业务复杂，对技术和业务理解的要求是各类型产品中最高的。平台型产品通常是为了满足在某一大领域内用户多个方面的需求，是一个较为复杂的综合体。产品初期通常都是由单一痛点切入，在逐步发展的过程中，不断向相关业务领域拓展，最终形成一个生态化的平台型产品。一般平台型产品往往是多种产品形态的复合，既有C端又有B端，每个大的功能模块就是一个业务分支，它们相互协作，共同打造一个生态体系。

二、知识服务平台

平台型的知识服务产品即知识服务平台，可以按照服务内容以及提供服务的主体不同分为两类。一类是以综合数据库为主要产品形式，服务行业研究或院校教学的知识服务平台，包括综合性大型知识资源数据库和专业出版社自建的专业知识服务平台产品；另一类是由互联网知识服务运营商提供的服务大众的知识服务平台，以App、小程序、微信公众号等新媒体载体为主，例如得到、知乎、樊登读书、有书、喜马拉雅等代表的互联网知识服务平台。

（一）专业综合知识服务平台

此类知识服务平台包括两种，一种是以国外的爱思唯尔的ScienceDirect平台、施普林格的Springer Link及国内的知网、万方、维普等为代表的综合性大型知识资源数据库，另一种是以专业出版社自建为主的专业知识服务平台，如表1-1、表1-2所示。

1. 综合类

综合类知识服务平台资源内容丰富，在检索、分类、下载的基础上提供多元化科技知识服务，包括专业资源管理、专题知识库、科研大数据统计、在线出版、知识图谱、选题评估、学术影响力分析、在线教育、学术交流、舆情监测等。

表1-1 典型综合类知识服务平台简介

知识服务平台	类型	简介
荷兰爱思唯尔公司 Science Direct	综合类	同行评议学术文献平台，收录期刊、文章和图书章节资源，为全球高校图书馆和研究机构的研究人员提供服务
德国施普林格集团 Springer Link	综合类	电子出版平台，拥有多种学科的全文电子图书馆，与在线期刊及电子参考工具书内容互连，为全球科研人员提供快捷的电子科技全文检索服务
美国电气电子工程师学会 IEEE Xplore Digital Library	综合类	科技文献在线访问平台，收录计算机科学、电气工程、电子和相关领域高引用率期刊、会议、标准、在线课程等资源，为科研人员提供权威前沿的科技成果
美国科学引文索引 Web of Science	综合类	期刊和题录文摘数据库，收录自然科学各学科的核心期刊资源
知网	综合类	提供中国学术文献、外文文献、学位论文、报纸、会议、年鉴、工具书等各类资源统一检索、统一导航、在线阅读和下载服务
万方	综合类	提供中外学术论文、中外标准、中外专利、科技成果、政策法规等科技文献的在线服务
维普	综合类	中文期刊文献服务平台，提供各类学术论文、各类范文、中小学课件、教学资料等文献下载；提供论文检测服务、优先出版服务、论文选题下载等服务

2. 专业类

专业出版单位相比互联网知识服务商的优势在于其内容的专业性、成体系及可信赖度高。出版社基于优势的出版资源，将其拆分包装形成知识服务类的产品，是目前已经被验证可行的一条数字化转型之路。在国家政策的支持下，经过多年的探索，国内不少出版社打造了一批知识服务平台产品。

表1-2 典型专业类知识服务平台简介

知识服务平台	类型	简介
人民法院出版社"法信"	专业类	收录法学学科资源，包括案例、裁判文书、法规、期刊、图书、文书等资源类型，提供分类、浏览、个案检索、类案检索等功能，服务法学相关人员
人民卫生出版社"人卫临床助手"	专业类	收录医学学科资源，包括疾病百科、病例、医学词典、网页（信息快报）、医患沟通、法规等资源类型，提供分类、浏览、检索、辅助工具、医院管理服务等功能，服务临床医学工作者
中国农业出版社"智汇三农"	专业类	收录农业学科资源，包括图书、会议、项目、资讯、专利、百科、问答等资源类型，提供分类、浏览、检索、电商服务、百科和问答服务等功能，服务农业从业人员
化学工业出版社"化工知识库服务平台"	专业类	收录化工行业资源，包括电子书、期刊和标准等资源类型，提供分类、浏览、检索、知识图谱、词条等功能，服务化工领域研究人员
石油工业出版社"石油百科、钻井知识库、勘探知识库"	专业类	收录石化行业资源，包括标准、期刊、年鉴、图书等资源类型，提供分类、浏览、检索、词条编纂、知识点检索等功能，服务石油业从业人员
社会科学文献出版社"皮书数据库"	专业类	收录社会科学、经济、文化传媒、国际关系等领域的图书、期刊、百科、资讯、报告、视频、图表资源，提供资源分类及总库等多种检索方式，服务研究社会科学、区域发展、经济发展相关的研究人员

近几年，在各级财政部门和主管主办单位的支持下，出版单位各类垂直领域的专业知识服务平台和知识资源数据库纷纷建成，并在市场上取得了较好的社会效益和经济效益。专业类知识服务平台以内容为核心，在内容展示上实现结构化，并通过自然语言处理等技术，实现提取全文的关键句等功能，帮助用户直接获取其所需内容、数据、图表等。专业类知识服务平台的核心功能和服务主要包括知识体系分类、检索、词条百科、词表管理、资源管理、子库管理和其他辅助功能与服务。

（二）互联网知识服务平台

近年来，国内众多互联网企业加入知识服务领域中来，知乎、得到、有书以及喜马拉雅FM、混沌大学、猿辅导、有道等互联网知识服务运营平台纷纷探索付费咨询、付费问答、付费订阅、付费音频、付费教育等形式，开启了以知识作为互联网产品的有偿服务模式。典型的互联网企业知识服务产品如表1-3所示。

表1-3　　　典型互联网企业知识服务产品简介

知识服务产品	上线时间	简介
得到	2016年	提供音频形式的付费专栏、精品课、大师课、每天听本书等栏目以及电子书、线上授课等服务，满足用户利用碎片时间学习系统的高浓度知识，深耕个性化推荐、人工智能及知识图谱技术，建立跨线上线下知识业务体系
知乎	2011年	在知识社交的基础上，提供盐选专栏、Live讲座内容付费服务，并将优质用户问答内容集结成册，推出电子书相关业务，聚集有分享意愿的知识型用户，推动形成专业化社区氛围
樊登读书	2015年	以视频、音频、大纲文稿、脑图式思维导图等资源形式为会员提供线上和线下读书服务。通过打造并强化知识IP影响力，实现对付费用户转化和促活，以读书为基础引入大咖授课，布局线下代理网络及实体书店
有书	2016年	提供门槛低、用户容载量高的阅读服务，并基于社群基础，持续拓展自媒体、听书、课程、训练营等服务，形成层次丰富的阅读服务产品体系、短视频等多元内容形态
喜马拉雅FM	2013年	提供新闻资讯、电视电台节目、音乐MP3、有声小说、英语等多种音频内容，在有声书、相声等休闲内容和课程、书籍解读等知识服务内容上提供付费服务。通过招募、扶持优质内容合伙人，为主播提供全链路赋能，并布局生活化音频场景

知识服务产品	上线时间	简介
混沌大学	2017年	混沌大学创新教育体系由线上课程体系和线下训练营体系构成，其中，线上课程体系包含研习社、商学院，线下训练营体系包含创新院、创新商学院、创投营、创业营。内容涵盖创新理论、创新案例、哲科思维、商业经典等，通过听课、练习、反馈等线上线下学习全流程，全面提升创新能力
猿辅导	2015年	猿辅导提供小学、初中、高中全学科在线辅导。依托独有的海量数据化教研，聚焦学生学习薄弱环节，打造沉浸式课堂，增强学习互动性和趣味性，并聚焦大班在线直播的方式，通过双师形式全面关注每一位学生的学习过程。与《最强大脑》节目同步推出"小学数学能力训练营"定制课程；邀请顶级学者免费开讲大师人文课；直播讲授中国文化，联合学习强国，推出"在家上学（中小学课堂）"专题
有道精品课	2014年	有道精品课专注打造高品质的名师直播课程，包括小学辅导、初中辅导、高中辅导、少儿编程、实用英语、考研考级等覆盖全年龄段的课程，并打造了众多爆款课程IP。提供完整的技术平台，推出达尔文智能教学系统，包括课程直播录播系统、题库系统、模考系统、作业批改系统等，用AI和技术实现因材施教，提高用户的学习效率

总体来看，目前的互联网知识服务市场格局已经被得到、知乎、樊登读书、喜马拉雅FM等平台占据，音视频逐渐成为互联网知识服务的主要载体与传播形态。通过音视频媒介，知识服务在场景的广度和内容的深度上都实现了维度拓展。对内容来说，通过音视频可以走出平台与流量的局限，进行市场化直接交易。对用户来说，满足了用户碎片化、沉浸式的使用体验。2020年受疫情影响，在线教育类知识服务产品的需求得到激化，传统院校均尝试使用线上课程来保证教育计划的推进，在线教育在教学时间空间的自由度、授课方式的丰富度以及个性化等方面的优势逐渐显现。未来，人工智能、大数据等技术的持续升级、知识服务产品的不断丰富和成熟，都将推动在线教育等互联网知识服务产品市场规模的进一步增长。

三、出版业知识服务分析

（一）出版业知识服务产品及其特点

出版业一直是知识产品的提供者，开展知识服务是基于对自身价值和核心业务认识的深化，依托互联网盘活内部资源并整合外部资源，从"内容提供商"向"知识服务商"转型。出版业知识服务产品在服务内容的深度上，注重知识应用场景的扩展；在服务内容的广度上，强调知识之间的关联，提供针对性强的内容；在服务对象的范围上，满足专业用户对深度知识的需求。出版业知识服务产品的特点：第一，数字化开发，采用一定的标准、格式对内容资源进行数字化开发是开展知识服务的基础。第二，结构化加工，按照一定的知识体系对知识元进行关联，实现知识资源的有序开发。第三，便捷化检索，采用实用的查询功能推动知识发现，提高内容资源的利用频次和用户使用满意度。第四，融合化呈现，综合运用多种媒体形态，实现一次开发、多元呈现。第五，互动化学习，利用互联网社交关系加强用户之间的交流。

（二）出版业知识服务产品开发模式

1. 面向垂直领域的功能扩展模式

知识服务产品面向垂直领域的功能扩展主要是对已有内容资源进行深度加工，对产品进行功能优化，加强知识之间的关联和产品使用时的场景匹配。例如，中国农业出版社"智汇三农"知识服务平台在整合三农咨询、专利查询、各类知识库等内容资源的基础上，提供科研工具集、资讯信息服务、统计分析等功能扩展服务。

2. 面向产业链的延伸整合模式

出版单位立足自身内容资源优势，与相关企业合作研发数字产品或提供专门化的知识服务，实现出版与教育、电子商务等各行业的融合。利用天然的资源优势，出版单位打通产业间的内容、技术、市场各个环节，为产业链上游的企业和产业链下游的用户搭建沟通平台，在平台资源的基础上推进规模化的内容生产。例如，长江文艺出版社搭建的互联网知识服务平台就是与喜马拉雅FM合作，出版社提供内容，互联网公司负责发行和传播。

3. 面向用户的群体细分模式

出版单位积极开发用户资源，通过分析用户的个人信息、阅读兴趣、购买习惯、使用偏好等，进而完善产品功能设置。通过标注、归类等方式，完成产品的多维度描述、用户的群体聚合以及基于标签的个性化推荐等功能。例如人民卫生出版社面向医学领域不同类型的用户，推出"人卫用药助手""人卫临床助手""医学考堂""人卫智慧服务商城"等不同层次的产品，共同构成人卫知识服务产品矩阵。

（三）出版业知识服务发展瓶颈

1. 技术研发能力薄弱

出版单位通常没有自己的研发团队，多数产品都要依靠外部技术厂商去实现研发。一是进程缓慢，从项目设计到最终上线耗时较长；二是缺少创新性，外包团队往往套用现有组件和方案，造成不同企业的知识服务项目功能雷同；三是缺少持续改进产品的能力，没有专门的技术团队维护后续运营，版本更新和新功能研发无法持续。

2. 产品开发脱离实际

出版单位在数字化产品开发过程中，容易犯"以我为主"的毛病，产品研发、设计以及后续迭代的过程中，常常缺乏用户的有效信息反馈，难以清楚地把握用户需求，也难以提高服务质量。原国家新闻出版广电总局于2015年发布的《关于推动传统出版和新兴出版融合发展的指导意见》中指出，要强化用户理念和体验至上的服务意识。目前一些知识服务产品没有考虑到用户的使用需求，与服务用户的要求相背离。

3．营销推广方式单一

在产品运营方面，传统出版单位缺乏与虚拟产品相适应的营销方式；忽视品牌形象的挖掘与延伸；自有推广渠道使用效率不高；外部推广渠道利用意识不够。虽然近些年来出版企业不断尝试新的营销方式，例如三联书店直播新书《阅读力》的现场研讨会，扩大品牌影响力并带动销量上升。但是知识服务产品营销方面缺乏口碑营销、社群营销、直播营销等多样化的营销方式。

4．盈利模式有待探索

出版业知识服务尚未有清晰的商业模式，产品的服务对象以机构用户居多，产品形式以知识库为主流，内容的专业性强，使用门槛较高，产品的传播渠道单一，在一定程度上制约了以个人用户为主的大众市场的发展。而且盗版产品泛滥，严重阻碍了知识服务产品的良性发展。

（四）出版业知识服务优化对策

1．重视技术应用途径，提高产品研发能力

（1）基于大数据技术，个性化发展。基于用户的浏览历史、标签等数据，依靠算法推送符合用户兴趣和需求的知识内容，提供个性化服务，能够形成差异化竞争优势，提高用户产品使用的满意度。

（2）基于人工智能技术，场景化发展。通过传感器、定位系统等，实时了解用户使用产品的空间和时间偏好、消费习惯和社交关系，进而预测用户的特定需求。也可利用虚拟现实、增强现实等技术，构建产品使用的虚拟场景，丰富产品的表现形态，并可以依托物联网技术开展线下服务。

（3）基于移动互联技术，社交化发展。在知识服务产品中设计线上交流分享和线下互动的社交功能，围绕产品开展内容传播、内容消

费和周边延伸。此外，在知识服务产品中尝试设计拟人化品牌形象，在传递知识的同时，传播包含品牌形象的情感因素和文化价值。

2. 依托用户生产内容，丰富产品开发思路

依托用户内容生产，形成完整的传播、阅读、购买的出版链条，在此过程中激发用户的积极性，同时可将用户积淀下来的优质内容进行策划和编辑，例如知乎与浙江出版集团合作出版的《知乎周刊》系列电子书。吸收普通用户、机构用户、来自各行各业的意见领袖共同生产内容，成为具有影响力的知识生产平台，实现平台引流量、用户得新知、机构获宣传三方共同发展。

3. 加大版权运营力度，扩展产品营销方式

重视"IP为王"的理念，即不局限于内容本身展开多方位延伸。版权运营能够产生文化价值和经济价值，从文化价值上看，版权运营可以激励优质内容的创作和传播，满足用户的多样化的需求。从经济价值上看，围绕版权的产业链扩展能够拉动投资，进而有效提升知识服务产品的市场竞争力。例如，"得到"依靠版权运营打造品牌，其利用有影响力的专栏聚集用户，并发动用户宣传和推广，同时还带来协同效应，扩展衍生品的收入，对出版业探索版权运营具有一定的借鉴意义。

4. 利用粉丝经济盈利，开拓产品盈利渠道

粉丝能够形成稳定的连接结构和持续的情感忠诚，粉丝经济在互联网知识服务产品中的应用较为广泛：一类是自建平台，在平台设置社交功能，形成定位明确且细分的用户群体；另一类是"借船出海"，利用发展成熟的社交平台，如微信、微博等实施针对性的信息传播和个性化的交流互动，从而增强社群的凝聚力。例如，"罗辑思维"注重扩展社群粉丝的需求，深入拓展电商领域，从销售节目向销售图书、衍生品转变，对出版业探索产品盈利途径具有一定的借鉴意义。

四、电力科技知识服务平台

近年来，电力行业大力实施创新驱动发展战略，在特高压工程、智能电网建设、清洁能源并网发电等领域取得了重大创新突破，日益扩大的研究领域和日益深入的研究方向，对创新使用电力科技知识资源、推进科技成果转化和国际化传播提出了更高的要求。在此背景下，从2016年开始，英大传媒集团开始建设电力科技知识服务平台（以下简称平台，对外运营名称为"中国电力百科网"）。

平台建设目标是依托专业资源优势，建设权威的电力科技知识资源数据库，整合和优化标准、图书、期刊、科技成果、专利等不同类型资源形成一站式检索，并针对查新机构、期刊杂志、重点实验室、决策咨询、社交等个性化需求，提供科技查新、融媒体出版、实验室共享、辅助决策、社区等特色知识服务，以此来支撑行业科技创新和成果传播。平台首页如图1-2所示。

平台的发展路径，实现从传统出版服务向大数据为特征的信息服务发展，进而向以场景化、个性化为特征的知识服务转型，为能源电

图1-2　电力科技知识服务平台

力领域科技创新、电力科技成果传播与转化以及电力知识普及与传播提供优质的一体化知识服务。

（一）平台资源与核心技术

1．内容资源

平台专注于电力行业各类型知识资源收集与完善，目前已建成标准库、电学专利库、文献库、图书库和成果奖励库5个专业数据库，积累各类型资源总量达1100余万条。以专业化的电力行业资源为特色优势，平台收录国家电网有限公司（后文简称国家电网公司）及主要科研机构历年来科技成果奖励数据，形成特色鲜明的国家电网公司科技成果库，实现了国家电网公司科技成果面向互联网用户的集中统一展示和传播。平台收录能源电力领域权威知识资源，包括电力标准、电学专刊、电力图书、电力专利等特色资源，并提供SCI、IEEE、Derwent等外文数据检索入口。

2．关键技术

多源异构数据整合技术、基于语义网的精准语义搜索技术、知识图谱和数据可视化技术等先进的信息处理技术，为建成知识资源共建共享、信息系统安全可靠的一体化知识服务平台提供了强大的技术保障。

（1）多源异构数据整合技术。由于知识资源来源多样，不同途径获取的数据在组织方法上存在各种差异，为充分整合电力行业核心科技成果、专利、论文、标准和图书等国内外资源，平台制定了一系列规范化、结构化、知识化的数据标准，设计了具有行业特色的知识体系，采用多源异构数据整合技术，建立了资源集中、统一管理的电力科技知识资源数据库，解决行业内科技知识资源分散、缺乏统一规范标准等问题，全面提升知识资源管理效率。

（2）采用语义网精准语义搜索技术提高知识的检索效率。语义检索可显著提高用户在海量数据中的查找效率及准确率，提升平台可用性、易用性。基于平台利用语义网精准语义搜索技术，提高知识内容检索准确性，拓展知识渠道，加快隐性知识向显性知识的转变，丰富知识服务的内涵。

（3）采用知识图谱和数据可视化技术提升知识的可视化体验。平台利用知识图谱技术，形成"知识元—关系—知识元"的联系和知识体系的逻辑层次，将抽象的知识转化为一种图结构的视觉形式，直观地表现、解释、分析、模拟、发现或揭示隐藏在数据内部的特征和规律，帮助用户提高对知识的理解能力和用户的知识挖掘能力。

（二）平台特色功能

平台不仅资源种类丰富多样，信息处理技术科学先进，而且功能齐全，具有电力行业专业特色。

平台提供涵盖标准、图书、百科、期刊、科技成果、专利等不同类型资源的一站式检索服务，提供专业的电力查新服务，支持科研立项查新、成果鉴定查新及申报奖励查新。

平台拥有国家电网公司共享实验室模块，开放国家电网公司100家实验室（包括19家国家级实验室）重点仪器设备信息，具备仪器设备搜索、实验室信息详情展示等功能，实现从共享设备到共享服务，助力电力行业科技创新。

平台拥有电力行业最大的科技知识图谱。具备图谱探索、路径发现、关联分析等功能，改变了原来关键词匹配的检索方式，为用户直观展示人物、机构、知识点等实体知识内容与实体间关系，帮助用户发现分散信息之间的隐形关联。

平台拥有融合出版功能，建立用户上传图片、视频、音频等各类型数据的通道，提供丰富的视频、文字、课件，提供精准的内容推送，实现数字内容与纸质内容的连接，构建科技图书、期刊多类型多形态知识融合能力和展现方式。

此外，平台还有展示电力行业关键技术、发展趋势和前端机构的可视化统计分析工具，期刊投稿，发布电力行业资讯，电力科普等多种功能。

本章小结

本章主要介绍了知识服务的基本概念以及知识服务的内涵与模式，并对目前主流知识服务平台的内容、特点和发展模式进行了分析和比较，分析了传统出版单位在数字化转型过程中的发展瓶颈和优化对策，最后介绍了电力科技知识服务平台的建设背景和基本情况。

参考文献

[1] 周小娟，王科，涂晓静．试论从信息服务向知识服务的转变[J]．新一代，2011（1）：222–223．

[2] 杨金花．传统出版企业知识服务转型路径探析[J]．科技与出版，2018（5）：140–144．

[3] 张璐，申静．知识服务模式研究的现状、热点与前沿[J]．图书情报工作，2018，62（10）：116–125．

[4] 张毅君．新闻出版业"十三五"科技发展规划总体思路[N]．中国新闻出版广电报，2016–01–28（7）．

[5] 李志刚，梁晓艳，汤书昆．我国知识服务业发展的现状、问题和对策研究[J]．科技进步与对策，2005（6）：94–97．

[6] 黄思玉．国内外知识服务研究评述[J]．情报探索，2014（7）：46–50．

[7] 陈兴淋，王巧梁，徐希明．我国知识服务业发展现状及其对策研究[J]．华东经济管理，2005（5）：53–56．

[8] 尚媛媛．转型升级背景下传统出版企业知识服务产品研究[D]．河南大学，2018．

[9] 关于推动传统出版和新兴出版融合发展的指导意见[J]．中国出版，2015（8）：3–5．

[10] 路英勇，秦艳华，兰美娜．"互联网+"时代的出版营销创新[J]．科技与出版，

2017（9）：3-8.

[11] 刘全莉. 数字出版产品的社会化生产——以《知乎周刊》为例[J]. 青年记者，2015（26）：65-66.

[12] 池书进. 得到App知识服务运营模式分析[J]. 出版参考，2018（5）：8-9.

[13] 黄楚新. 粉丝经济：新媒体环境下新的经济增长活力[N]. 中国青年报，2019-08-19（2）.

[14] 李曜嫄. 互联网时代知识社群经济商业模式研究——以"罗辑思维"为例[J]. 经营与管理，2019（3）：49-56.

[15] 张华宝. "知识服务"概念解读的两个视角比较[J]. 图书馆论坛，2011，31（2）：1-2，5.

[16] 王仔娇. 从信息服务迈向知识服务[J]. 图书情报工作，2010，54（S2）：231-234.

[17] 李晓鹏，颜端武，陈祖香. 国内外知识服务研究现状、趋势与主要学术观点[J]. 图书情报工作，2010，54（6）：107-111.

[18] 许剑颖. 数字出版知识服务的内涵、模式及对策[J]. 科技与出版，2017（11）：107-111.

[19] 张美娟，胡丹. 我国专业出版社知识服务及其模式研究[J]. 出版科学，2018，26（6）：12-16.

电力科技知识与知识服务标准体系

电力科技知识服务平台的重要组成部分是电力科技知识,而知识又是实现知识服务的底层基础,因此电力科技知识的收集、加工与知识服务标准体系的建立是平台建设的根基。本章主要从电力科技知识分类与来源、知识加工与质量控制、知识内容标准体系三个方面介绍电力科技知识与知识服务标准体系。

第一节　电力科技知识分类与来源

一、电力科技知识分类

GB/T 4754—2017《国民经济行业分类》将电力行业分为了"电力生产"和"电力供应"两大类。据此可将电力行业的知识分为"电力生产"和"电力供应"两方面。前者包括火力发电、水力发电、核力发电、风力发电、太阳能发电以及其他电力生产等方面的知识；后者包括输电、变电、配电、用电等方面的知识。

二、电力科技知识来源

本书介绍的电力科技知识服务平台，聚焦在能源电力领域，目标服务对象为电力科研工作者和专业从业人员，平台闭环的全流程包括知识的分类、获取、处理、展示、应用、反馈。

（一）从获取途径角度分析

从获取途径来看，平台资源主要包括自有资源、外购资源和网络资源三个方面。

自有资源，主要是指英大传媒集团传统出版业务形成的存量资源，通过数字化加工转化为相应数据库，包括图书类、技术标准类、期刊类资源，以及由传统资源衍生出的音视频类、图片类资源。

外购资源，主要是从业务需求出发，采购外部成熟的数据资源，开发相应的数据库，包括以中国质量标准出版传媒有限公司为主的技术标准资源，知识产权局电学专利资源，以及能源电力类期刊文献、会议文献和学位论文文献等资源。

网络资源，主要是采用技术手段，采集一些权威网站、技术论坛的符合一定专业性、安全性、准确性的资源。

（二）从知识载体角度分析

从具体的知识载体来看，目前绝大多数科研成果主要通过科技图书、科技论文、标准、成果和专利等几种方式呈现。考虑到用户的需求以及现有的资源优势，平台一期也将从这几种资源类型起步，构建具有鲜明电力行业特色的知识资源数据库。

科技图书方面，主要是借助中国电力出版社图书出版的传统业务和资源优势，以电力科技精品图书为主，构建图书库。

科技论文方面，一是依托国家电网公司主管主办的技术期刊，打造电力科技期刊群，在此基础上，按需采购外部成熟数据库资源，构建学位论文、会议论文、期刊论文等多类型的数据库。

技术标准方面，在中国电力出版社公开出版的各类标准基础上，同时做好与其他标准出版单位的标准资源互换工作，按照最新版的国家电网公司技术标准体系指导标准收集建库工作。

科技成果方面，首先集中展示和传播国家电网公司优秀科技成果为使命，以国家电网公司历年来获得的国家级、行业级科技奖励成果为基础，融合中国科技成果库，建设以电力能源为核心的电力科技成果库。

专利数据方面，平台专利以国内专利电学分支为主，国家知识产权局国内专利电学分类（H）摘要数据全部收录。世界专利部分，考虑接入德温特世界专利索引（Derwent world patents index，简称 DWPI）。

第二节 知识加工与质量控制

一、知识加工的作用及分类

为便于知识的传播、重复使用、多次利用，需要进行知识加工，即按照统一的加工标准把各类型资源转化为符合一致规范的通用格式。具体来说，就是针对纸质出版物、表单、公文、档案文献等，通过专业化的解决方案，加工成pdf、html、txt、doc、xls、xml等多种可编辑的电子文件格式的活动。知识加工的方式主要有结构化加工、复杂结构化加工和深度标引等。

（一）结构化加工

对于内容结构化加工，Q/YDCM 1.1—2019《电力行业知识资源基础术语》中对"结构化加工 struct processing"定义为：将数字资源进行篇章节和元数据的分析、拆分和标引，输出结构化数据。GC/ZX 16—2014《图书数字化加工质量评价规范》对"内容结构化数据 content structured data"进行了定义：按照一定规则对内容进行结构拆分和标引后产生的一种数据类型。

通俗地说，结构化数据可以使用关系型数据库表示和存储，一般以行为单位，一行数据表示一个实体的信息，每一行数据的属性是相同的。结构化数据的存储和排列是很有规律的，这对查询和修改等操作很有帮助。

电力科技知识服务平台采纳的结构化数据为XML（extensible markup language，可扩展标记语言）格式，是一种用于标记电子文件并使其具有结构性的标记语言，属于标准通用标记语言的子集，用来传输和存储数据。XML数据是一种相对基础和底层的数据格式，可以极大地利于数据调用和存储，通过定义各类知识的字段结构，设计不同的数据模型进行存储。

电力科技知识服务平台所涉及的知识资源的字段，主要参考了原国家新闻出版广电总局组织制定的专业数字内容资源知识服务模式试点工作项目标准，参考了万方、知网、维普等知识服务平台的高级检索字段，同时征求了部分潜在用户的意见，形成了自己独有的内容标签，满足一期平台功能和应用，也为后续扩展留有余地。如：标准元数据字段主要包括标准编号、标准名称、代替号、分类号、国际分类号、发布日期、实施日期等；科技成果元数据字段主要包括成果标题、获奖年份、成果介绍、成果属性、经费投入、技术类别、研究形式、推广形式等；论文元数据字段主要包括论文标题、作者、关键词、摘要、参考文献、发表日期等；专利元数据字段主要包括专利标识、标题、专利类型、申请人、申请人类型、申请号、申请日期、摘要、专利分类等；图书元数据字段主要包括书名、作者（译者）、著作方式、书号、图书封面、出版单位、首版时间、内容摘要等。

（二）复杂结构化加工

为了更好发挥行业内容特色和满足潜在用户需求，平台制定了一套完整的数据加工标准，重点定义了"复杂结构化加工"这个概念。Q/YDCM 1.1—2019《电力行业知识资源基础术语》中对"复杂结构化加工 complex struct processing"进行了定义：将数字资源进行内容的分析、拆分和标引，输出结构化数据。同时，备注提出复杂结构化加工是在结构化加工基础上进行的。

以图书为例，基本元数据标签列表如表2-1所示。

表2-1　　　　　图书基本元数据标签列表

标签		必填[a]	释义
book/title		Y	中文图书名称
book/etitle		N	英文图书名称
book/info/booktype		Y	xml类型，默认1，表示图书
book/info/bookId		N	使用统一书号，如155198·237
book/info/classification		N	中图分类号，如TM612.3。标签必须存在，内容可以留空
book/info/category		N	图书分类，如经典、管理、培训等。标签必须存在，内容可以留空
book/info/DUBN		N	统一书号，如15开头
book/info/biblioid		N	ISBN号，如978-开头
book/info/language		Y	语言，默认zh-hans
book/info/legalnotice		Y	法律声明
book/info/copyright		Y	版权信息
book/info/fund		N	资助/荣誉
book/info/responsbility		N	责任信息
book/info/cipno		Y	CIP书号
book/info/PrintNUM		Y	版次印次，使用英文半角分号分割，如1;1
book/info/FirstIssueDate		Y	首版时间，格式YYYY-MM-DD
book/info/pubdate		Y	出版日期，格式YYYY-MM-DD
book/info/authorgroup		Y	作者组，内部使用每个作者使用\<author>标签进行加工
book/ info/ authorgroup/	author/personname	Y	作者名
	author/personname/fileref（fileref是属性）	N	作者照片
	author/personblurb	N	作者简介
	author/role（role是属性）	Y	著作方式，可选包括著、编著、主编、副主编、编写、组编、编、译、发布、颁布、编译、执笔、绘、编绘等

标签	必填[a]	释义
editor/personname	N	编辑姓名。 标签必须存在，内容可以留空
editor/email	N	编辑联系方式
editor/affiliation	N	编辑部门
editor/role （role是属性）	N	编辑角色，可选包括 责任编辑、装帧编辑等。 标签必须存在，内容可以留空
book/info/gisID	N	地图审图号。 标签必须存在，内容可以留空
book/info/original	N	原版图书信息，内部包括title、authorgroup、biblioid、copyright标签，具体参见xsd。 有则必备
book/info/publisher/publishername	Y	出版社名称
book/info/publisher/address/street	Y	出版社地址
book/info/publisher/address/postcode	Y	出版社邮编
book/info/other/Format	Y	开本，如880×1230 1/16
book/info/other/CharCount	Y	字数
book/info/other/Sheets	Y	印张
book/info/other/Printing	N	印数。 标签必须存在，内容可以留空
book/info/other/MaxPageNO	Y	最大页码
book/info/other/PdfTotalCount	Y	PDF总页数
book/info/other/BindingFormat	Y	装帧形式，可取如下值： 精装、平装、经折装、蝴蝶装、卷轴装、包背装、线装、旋风装、梵夹装
book/info/other/Price	Y	定价，精确到小数点2为，如13.00
book/info/registrationNO	Y	版权登记号
book/info/OnLineSaleAdvice	N	上架建议。 标签必须存在，内容可以留空
book/info/abstract	N	摘要
book/info/EssenceDigest	N	精华书摘

（第一列前四行合并为 book/info/authorgroup）

标签		必填[a]	释义
book/info/series		N	丛书信息，如果图书为丛书，下列标签必备，内容可以为空
book/info/series/	SeriesName	Y	丛/套书名
	SeriesEName	Y	丛/套书外文名
	SeriesAuthor	Y	丛/套书作者
	SeriesLiableForm	Y	丛/套书著作方式
book/info/series/	SeriesBookNo	Y	套书的书号
	SeriesPrice	Y	丛/套书价格
	SeriesSynopsis	Y	丛/套书的简介
	TotalVolume	Y	总卷数
	TotalBook	Y	总册数
book/info/otherCarriers		N	其他载体 标签必须存在，内容可以留空
book/toc		Y	目录
book/bibliography		N	参考文献
book/info/expertsWords		N	图书专家推荐信息，如果图书有专家推荐，下列标签必备，内容可以为空
book/info/expertsWords/	ExpertName	N	专家姓名
	ExpertTitle	N	专家荣誉称号
	ExpertAdvice	N	专家对书的推荐意见

[a]此项中Y指必填项，N指非必填项。

（三）深度标引

为了更好地做好数据融合和知识关联，支持基于语义分析的一站式跨库检索，Q/YDCM 1.1—2019《电力行业知识资源基础术语》中对"深度标引 deep indexing"进行了科学定义：按照一定的标准规则，对已结构化加工数字资源的内容进行属性和语义的提炼、标引工作。深度标引工作，也是根据内容含义进行标引，是后期引入专家协助开展的具体工作之一。

二、知识加工的质量控制

（一）知识加工质量评价

GC/ZX 15—2014《数据加工质量要求》对知识加工做了详尽的要求。

电力科技知识服务平台的知识加工质量，遵循上述标准，主要包括完整性、规范性、有效性和准确性四方面。

1．完整性要求

（1）类型完整：成品数据的类型应与数据加工目标的相关要求保持一致，不允许出现缺漏和错误。

（2）内容完整：成品数据的内容范围与数量应与数据加工目标的相关要求保持一致，不允许出现缺漏和乱序等错误。

（3）质量管理文档完整：数据质量管理文档应包含质量检验方案和质量检验报告。

2．规范性要求

（1）规格：成品数据的数据规格应与数据加工规格相关要求保持一致。

（2）文件命名：成品数据的命名应与数据加工规格相关要求保持一致。

（3）存储：成品数据的存储应与数据加工规格相关要求保持一致。

3．有效性要求

成品数据应能通过相关软件及系统读出，不允许出现数据损坏、异常报错、无法打开等错误。读出的数据应完整，不允许出现编码混乱、图像失真等无法使用的错误。

4．准确性要求

成品数据的质量准确性应与数据加工的相关要求保持一致，包括文字准确性、图像准确性、内容结构化准确性、链接准确性、样式准确性。

（二）内容加工质量的检测

检测内容加工质量应首先检测成品数据的完整性、规范性和有效性，在以上三个方面均符合质量要求时，再进一步检测成品数据的准确性，检测流程如图2-1所示。

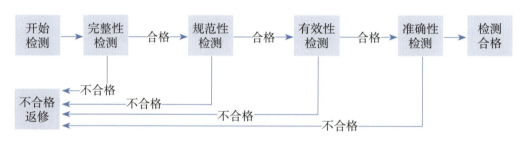

图2-1　知识加工质量检测基本流程

1．完整性检测

（1）数量：通过点验方式核对提交的成品数据是否与加工资源一致，主要核对图书名称、版次、作者、ISBN等信息。

（2）成品数据类型：通过点验的方式核对每本图书的成品数据类型是否齐全，包括内容结构化数据、版式数据、流式数据、对象数据和管理文档等。

2．规范性检测

（1）文件格式及版本。通过批处理校验的方式检测成品数据中各类文件的格式及版本是否与GC/ZX 13—2014《图书数字化加工规格应用规范》中的要求一致。

（2）文件参数。通过批处理校验的方式检测成品数据中各类文件的相关参数是否与GC/ZX 13—2014《图书数字化加工规格应用规范》中的要求一致，如图像分辨率、PDF压缩算法、字符集编码等。

（3）内容结构。通过批处理校验的方式检测成品数据中内容结构化数据的结构规范是否与GC/ZX 13—2014《图书数字化加工规格应用规范》中的要求一致。

3．有效性检测

（1）文件有效性。通过批处理校验方式检测成品数据中各类文件是否损坏。

（2）应用有效性。通过应用环境模拟的方式检测成品数据在应用环境中是否有效。

4．准确性检测

（1）检测点分布。成品数据中各类文件的准确性检测点分布如表2-2所示。

表2-2　　　　　　　　　　检测点分布

检测点 文件类型	文字	图像	结构化	链接	样式
内容结构化数据	√	—	√	√	—
版式数据	√	√	—	√	√
流式数据	√	√	—	√	√
对象数据	—	√	—	—	—

（2）检测取样。检测取样比率是指从一个检测批次中提取的检测样本的数量，检测过程应按本检测。成品数据中各类文件的准确性检测点在不同文件类型中取样比率应不低于表2-3中的数值。

表2-3　　　　　　　　　　检测点取样比率

检测点 文件类型	文字	图像	结构化	链接	样式
内容结构化数据	5%	—	50%	30%	—

检测点 文件类型	文字	图像	结构化	链接	样式
版式数据	5%	20%	—	30%	20%
流式数据	5%	20%	—	30%	20%
对象数据	—	20%	—	—	—

（3）检测计算。根据加工质量要求中差错认定方法确定差错数量。检测标准单位一般按千、万、十万取值。差错率的计算公式为：

$$差错率=检测标准单位中的错误数/检测标准单位$$

（4）各检测点检测方法。

1）文字。文字检测方法如下：

a）结构化数据文件：通过相应程序打开文件，逐字核对差错并记录。

b）版式数据文件：将双层版式文件中的文字部分复制到文本阅读程序中，逐字核对差错并记录。

c）流式数据文件：通过相应程序打开文件，逐字核对差错并记录。

2）图像。图像检测方法如下：

a）版式数据文件：将双层版式文件中的图像部分另存到计算机文件目录中，逐张图像检查差错并记录。

b）流式数据文件：将流式数据文件中的图像对象剥离到计算机文件目录中，逐张图像检查差错并记录。

c）对象数据文件：通过相应程序打开文件，逐张图像检查差错并记录。

3）结构化。通过相应程序打开文件，逐条核对内容标引差错并记录。

4）链接。链接检测方法如下：

a）结构化数据文件：通过人工方式或批处理校验方式逐个检查结构化数据文件中对象引用链接、目录引用链接、脚注和参考文件引用链接的差错并记录。

b）版式数据文件：通过相应程序打开文件并逐条点击书签、脚注、参考文献等的链接，检查链接差错并记录。

c）流式数据文件：通过相应程序打开文件并逐条点击书签、脚注、参考文献等的链接，检查链接差错并记录。

5）样式。样式检测的基本形式为：

a）版式文件：通过相应程序打开文件，逐页核对样式差错并记录。

b）流式文件：通过相应程序打开文件，逐页核对样式差错并记录。

第三节　电力科技知识内容标准体系

一、国家知识服务标准体系

2015年3月，为深化行业数字化转型，同时结合"国家知识资源数据库工程"推进进展，原国家新闻出版广电总局启动了专业数字内容资源知识服务模式试点工作，试点工作本着"统一部署、标准先行、分步推进、鼓励创新"的基本原则，在标准方面，首先研制知识服务试点通用标准，同时推动试点单位建立相应企业标准，实现知识资源建设流程与规范统一。这项工作中，由全国新闻出版标准化技术委员会组织地质出版社、铁道出版社、人民交通出版社、化学工业出版社等28家试点单位共同研制了GC/ZX 19—2015《知识服务标准体系表》，明确了新闻出版知识服务标准体系。

新闻出版知识服务标准体系由基础标准、知识组织标准和知识服务标准三类构成。其中，知识组织标准分为知识描述标准与知识加工标准，知识服务标准分为知识服务产品标准、知识服务平台标准与知识服务评价标准。新闻出版知识服务标准体系结构如图2-2所示。

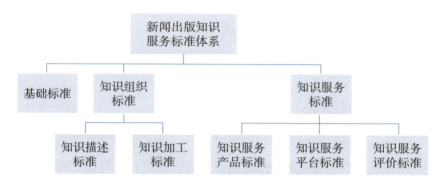

图2-2　新闻出版知识服务标准体系结构图

（1）基础标准。基础标准明细见表2-4。

表2-4　　　　　　　　　　　　基础标准

序号	标准名称	研制方向
1	知识服务标准体系表	覆盖知识服务完整流程的标准体系，包括基础标准、知识组织、知识服务等。梳理并规范当前和今后需要制订的标准以及与其密切相关的标准
2	知识资源建设与服务工作指南	规定了知识资源建设与服务工作的基本条件、基本流程和基本方法
3	知识资源建设与服务术语	规范知识资源建设和知识服务相关的常用术语
4	知识资源通用类型	对知识资源的分类进行统一规范
5	知识关联通用规则	制定统一的知识关联表达方式和关联规则
6	知识资源建设与服务企业标准编写指南	指导企业标准规范化、企业知识标准体系建设的应用标准
7	专业领域知识资源术语系列标准	各专业知识资源及相关的术语概念和定义

序号	标准名称	研制方向
8	知识服务框架指南	知识服务顶层设计架构，描述属分关系以及服务协作模式等
9	知识服务规范系列标准	提供知识服务类型、模式、交互、评价、制定规则、方法以及知识投送等系列标准

（2）知识组织标准。知识组织标准明细见表2-5。

表2-5　　　　　　　　　　知识组织标准

分体系名	序号	标准名称	研制方向
知识描述标准	1	知识元描述通用规范	描述知识元的界定范围、规则约束、构成模型等
	2	知识应用单元通用描述规范	根据专业数字内容资源知识单元特点与组织方式，提出适用于出版内容资源的知识单元模型
	3	知识地图描述规范	提供面向概念、流程、能力、关系的知识地图表达
	4	知识本体描述规范	基于OWL描述专业领域本体的表达
	5	语义网描述规范	描述语义网的知识表达
	6	主题分类词表描述与建设规范	主题分类词表的构成要素及表达
	7	专业领域知识地图系列标准	企业依靠资源优势构建本专业领域的知识地图
	8	专业领域主题分类词表系列标准	企业依靠资源优势构建本专业领域的主题分类词表
	9	专业领域知识本体系列标准	企业依靠资源优势构建本专业领域的知识本体
知识加工标准	1	知识加工流程	建立支持本领域内容资源知识加工和标引流程的系列标准
	2	知识加工规范	建立支持本领域内容资源知识加工和标引的系列标准
	3	知识标引规则	提供本领域知识标引规则描述的系列标准
	4	知识发现与知识资源更新规范	提供通过知识推理以及延伸至互联网的知识发现实现知识组织更新的系列标准
	5	通用知识元建库规范	指导通用知识元数据库的建设与管理
	6	专用知识元建库规范	指导专用知识元数据库的建设与管理
	7	专业领域知识资源建库规范	指导专业知识资源数据库的应用

（3）知识服务标准。知识服务标准明细见表2-6。

表2-6　　　　　　　　　　　知识服务标准

分体系名	序号	标准名称	研制方向
知识服务产品标准	1	知识图谱应用规范	提供基于知识组织的知识导航和知识图谱应用的系列规范
	2	知识产品版权保护相关规范	描述知识产品的知识版权保护方法，保护数字产品版权信息
	3	知识互动规范	提供描述知识互动模式和类型的规范
知识服务平台标准	1	知识服务平台统一身份认证规范	用于实现知识服务平台与用户机构认证系统的身份认证，支持各类用户实名访问
	2	知识服务平台统一日志规范	用于实现知识服务平台中各类用户的实名访问，日志数据按照统一方式进行记录、保存和汇集
	3	知识资源调度规则	知识整合服务及知识资源交换、调度与管理规则
	4	知识搜索技术规范	描述知识搜索技术的应用
	5	知识产品定制与投送服务规范	描述知识定制规则、方法以及知识投送、服务等系列标准
知识服务评价标准	1	知识产品与服务评价	知识产品以及服务质量的指标和评价要求

2013年8月，中宣部、原国家新闻出版广电总局、财政部联合推出中央文化企业数字化转型升级项目，计划用三年左右的时间，支持中央文化企业开展数字化转型升级工作，全面梳理相关业务，从生产流程改造、产品表现形式两个方面实现全面、完整的数字化转型升级。该项目共产生23项标准成果，这些标准成为构建电力专业领域知识服务体系的重要参考资料。23项工程标准的编号和名称为：

GC/ZX 1—2014　项目标准体系表

GC/ZX 2—2014　项目管理指南

GC/ZX 3—2014　企业标准编制指南

GC/ZX 4—2014　MPR技术应用规范

GC/ZX 5—2014　图书产品基本信息规范

GC/ZX 6—2014　基于CNONIX标准的图书产品信息应用规范

GC/ZX 7—2014　数字出版产品（电子书和内容数据库）质量要求

GC/ZX 8.1—2014　出版社数字出版资源对象存储、复用与交换基本规范　第1部分：图书

GC/ZX 9—2014　出版社数字出版资源对象存储、复用与交换基本验证规范

GC/ZX 10—2014　出版社数字出版资源对象存储、复用与交换基本应用指南

GC/ZX 11—2014　图书数字资源数据保存与流转要求

GC/ZX 12—2014　图书数字化加工模式应用规范

GC/ZX 13—2014　图书数字化加工规格应用规范

GC/ZX 14—2014　图书数字资源内容标引规则

GC/ZX 15—2014　图书数字化加工质量要求

GC/ZX 16—2014　图书数字化加工质量评价规范

GC/ZX 17—2014　出版社数字出版业务流程规范

GC/ZX 18.1—2014　项目软件系统接口规范　第1部分：数字化加工软件与内容资源管理系统接口

GC/ZX 18.2—2014　项目软件系统接口规范　第2部分：编辑加工系统与内容资源管理系统接口

GC/ZX 18.3—2014　项目软件系统接口规范　第3部分：内容资源管理系统与产品发布系统接口

GC/ZX 18.4—2014　项目软件系统接口规范　第4部分：业务流程改造软件与关联编码嵌入软件接口

GC/ZX 18.5—2014　项目软件系统接口规范　第5部分：关联编

码嵌入软件与复合出版物生产投送系统接口

GC/ZX 18.6—2014　项目软件系统接口规范　第6部分：项目软件系统与第三方平台接口

2018年，原国家新闻出版广电总局数字出版司发布8项知识服务项目标准，总结了各知识服务试点单位在转型过程中积累的经验，这些标准也成为构建电力专业领域知识服务体系的基础参考标准。8项知识服务项目标准的编号和名称为：

GC/ZX 19—2015　知识服务标准体系表

GC/ZX 20—2015　知识资源建设与服务工作指南

GC/ZX 21—2015　知识资源建设与服务基础术语

GC/ZX 22—2015　知识资源通用类型

GC/ZX 23—2015　知识元描述通用规范

GC/ZX 24—2015　知识应用单元描述通用规范

GC/ZX 25—2015　知识关联通用规则

GC/ZX 26—2015　主题分类词表描述与建设规范

二、电力科技知识内容标准体系

为了科学地建立和健全电力科技知识标准体系，指导和规范各单位科技知识资源领域的工作开展，通过梳理国内外电力科技知识资源相关标准和规范，深入分析公司科技知识资源已有相关标准，并结合电力科技知识资源的技术研究、产品研发、试点建设等情况，制定电力科技知识标准体系表，总结形成科技知识资源相关标准规范，覆盖知识体系、内容资源和知识化资源三个类别的内容，形成的电力科技知识标准体系表框图如图2-3所示。

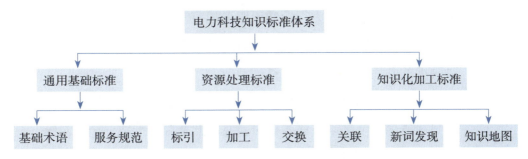

图2-3　电力科技知识标准体系表框

相应的标准名称如表2-7所示。

表2-7　　　　　　　电力科技知识内容标准体系

基础和规范	Q/YDCM 1.1—2019	电力行业知识资源基础术语	界定了电力知识资源建设与服务的基础术语和定义
	Q/YDCM 1.2—2019	电力行业知识服务规范	规定了利用电力知识开展知识搜索服务、科技查新服务、电子书阅读服务以及内容数据库服务的要求
加工	Q/YDCM 1.4—2019	电力行业内容资源标引规则	规定了电力行业图书、期刊、标准等各类型数字资源内容进行结构化加工标引时应遵循的规则
	Q/YDCM 1.3—2019	电力行业内容资源加工规范	规定了电力图书、标准、期刊内容资源加工的成品数据、加工存储体系、数据验收和维护等方面的要求
	Q/YDCM 1.5—2019	电力图书元数据信息交换规范	规定了电力图书元数据资源交换的内容、类型和格式
更新与服务	Q/YDCM 1.6—2019	电力行业知识关联规则	规定了电力知识体系和关联规则
	Q/YDCM 1.7—2019	电力行业新词发现规范	规定了电力知识领域中新词发现的方法和基本流程
	Q/YDCM 1.8—2019	电力行业知识地图建设规范	给出了电力知识地图的类型和构建方法

1.　基础和规范

电力科技知识系统构建和维护相关标准，包括《电力行业知识资源基础术语》和《电力行业知识服务规范》两个标准。这两个标准属于通用标准，规定了电力领域的通用条款，是电力行业内各个环节均须遵循的共性的、通用性的基础规范。

（1）《电力行业知识资源基础术语》。规范数字出版术语，对数字出版概念和范围本身深入探讨，并在此基础上形成一个相对统一、公认的定义，对于出版业发展具有重要的推动作用。目前电力行业的数字出版尚无既定术语，仅能参考GB/T 23703.2—2010《知识管理　第2部分：术语》、GC/ZX 21—2015《知识资源建设与服务基础术语》等标准，但以上标准只能涵盖数字出版的基本术语，缺乏电力特色的数字出版领域术语，且存在缺乏整体概念体系、定义不清等局限性。为更好地进行电力知识资源的统计和数据分析管理，同时兼顾实际应用与管理要求，英大传媒集团编制了电力知识基础术语标准。

《电力行业知识资源基础术语》将电力科技知识服务平台研发过程中遇到的专业知识服务术语进行整理、归纳与总结，形成一套结构完整、定义清晰的术语体系，适用于电力行业科技知识服务系统、资源数据库等数字出版产品，可为后续电力行业数字出版领域提供规范性参考。《电力行业知识资源基础术语》的主要内容主要由已有数字出版术语、改写术语和新增电力行业知识资源术语三类组成。数字出版术语是相较于传统出版出现的许多新术语，如元数据（metadata）、可扩展置标语言等；改写术语是根据已有的国标、项目标准进行改写，形成电力行业的知识资源基础；新增电力行业知识资源术语是电力行业数字出版专属术语，如电力知识体系（electric knowledge system）、结构化加工等。

《电力行业知识资源基础术语》的制定遵循标准化原则，在引用各类标准时按照国家标准、行业标准、项目标准依序选择。选择顺序首选国家标准（GB/T），其次为中国新闻出版行业标准（CY/T），第三为中央文化企业数字化转型升级项目标准（GC/ZX）。主要引用GB/T

23703.2—2010《知识管理　第2部分：术语》和GC/ZX 21—2015《知识资源建设与服务基础术语》两个标准。

《电力行业知识资源基础术语》规范的术语与定义，是电力行业知识体系构建、维护，内容资源与知识资源加工、验收、交换、管理等其他7个标准的撰写依据，同时也保障了平台的开发和运营。

（2）《电力行业知识服务规范》。从平台建设战略和任务来看，电力科技知识服务平台定位于做能源电力行业的精准搜索以及辅助决策等高级知识服务，如何针对电力特色及需求提供有特点的知识服务，对平台在业内的认可和持续运营有重要作用。因此要明确电力行业知识服务种类，规范业务流程，切实通过制定标准来规范平台的各项服务要求。

《电力行业知识服务规范》规定了电力科技知识服务平台所提供的知识服务的类型及规则，用于解决平台在建设过程中的条件、流程和方法问题。该标准的编写注意依据相关国标、行标以及工程类标准，并根据平台上层功能应用进行调整。其中，GC/ZX 21—2015《知识资源建设与服务基础术语》和GC/ZX 20—2015《知识资源建设与服务工作指南》与本标准内容关联度高，而且这两个标准目前正在申请升级国家标准，内容全面、权威，故在编写中被重点参考。

《电力行业知识服务规范》用于平台的建设与运营，主要包含知识搜索、科技查新、电子书阅读与内容数据库四个方面。

2．加工

随着数字出版加工技术的发展，各类专业化标准不断涌现，标准体系更加完整。加工标准的统一和一致性增强了后期产品的网络流通。对于电力行业来说，虽然很多单位均建立了较好的档案管理和数据库系统，但只是将资源集中归类存储，并没有进行格式化加工，资源不能通过计算机自动提取和共享。因此，有必要在国家标准、行业标准的基础上，规范资源加工标准，按照可随意转换的通用标准进行数据加工，实现对出版内容进行一次加工、多次重复使用。

电力科技内容资源加工相关标准，包括《电力行业内容资源标引规则》《电力行业内容资源加工规范》《电力图书元数据资源交换规范》三个标准，用于指导内容资源的标引、加工以及交换要求。

《电力行业内容资源标引规则》是对电力图书、标准、期刊文献等平台数字资源进行标引的基准；《电力行业内容资源加工规范》依据标引规则，提出电力行业内容资源大规模数字化加工、存储的要求；《电力图书元数据资源交换规范》依据标引及加工规范，提出数据调用、交换所需的高质量、可识别、通用性强的数据格式。三个标准在使用中是递进关系，如图2-4所示。

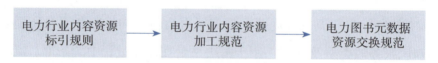

图2-4　内容资源加工、验收、交换和管理相关标准中三个标准的使用顺序

（1）《电力行业内容资源标引规则》。电力科技知识服务平台的建设，需要对数据按照平台自定义的规则进行统一加工处理，实现统一入库管理、统一存储调用、统一搜索展示等，需要从最基础的数据层面制定统一的标引标准。《电力行业内容资源标引规则》可达到以下四项目的：

1）制定基准。《电力行业内容资源标引规则》可作为资源加工标引质量的评判标准，用作评判数字资源加工商对电力图书、标准、期刊文献等平台数字资源进行标引的基准，具有标杆的功能，以权威地位发挥基准依据的作用。

2）设定约束。在资源加工标引过程中加工标引人员必须遵守该标准，实施标准的行为本身就是一种约束或受控制的行为。按本标准的规定开展资源加工标引，能够限制人为标引的随意性，使标引工作进入有序状态。

3）提供指导。《电力行业内容资源标引规则》直接应用于指导资源加工标引工作的开展，正确引导加工人员进行知识加工，对优化知识组织、提高工作效率起到重要作用。

4）促进连接。当前关于知识资源加工标引的标准有国家标准、行业标准以及企业标准，《电力行业内容资源标引规则》的制定将有效衔接不同标准，标准内容在其他标准的基础上，结合自身平台建设要求和用户需求，进行了优化、完善，同时也促进了同类标准的实际应用。

《电力行业内容资源标引规则》规定了电力行业图书、期刊、标准等各类型数字资源内容进行结构化加工标引时应遵循的规则，为平台内容资源的数字化、结构化、知识化标引提供遵循依据，同时规范加工人员作业行为，为资源的收录、存储和统一调用提供指导。

（2）《电力行业内容资源加工规范》。《电力行业内容资源加工规范》规定了英大传媒投资集团图书、标准、期刊内容资源加工的成品数据、加工存储体系、数据验收和维护等方面的要求，用于其数字化加工和电子资源的加工制作，其他资源可参照执行。该标准的应用如下：

1）电子书应用。以版式或流式为主呈现和浏览电子书，可支持基本元数据检索和数字版式文件浏览，内容的选取、拷贝、链接跳转等应用。

2）专题资源包。结合电力行业热点领域、季节性工作特点，推出安全、规划、设计、建设、运行、维护新能源消纳等图书、期刊主题数据包，打包相关数据资源，提供下载、浏览、收藏等功能，满足实际应用需求。

3）标准术语库。利用单独标引的标准术语，形成平台独有的标准术语库，可以数据库、插件等形式，满足标准术语查询、编写、溯源等标准化工作需要。

4）知识图谱。将图书、期刊、标准元数据与平台自身知识图谱相结合，提供更多知识关联和显性可视化数据，满足信息查询、人才发现等需要。

（3）《电力图书元数据信息交换规范》。《电力图书元数据资源交换规范》规定了电力图书元数据资源交换的内容、类型和格式。一方面，规范英大传媒集团内部图书元数据，指导电力图书元数据交换工作的开展，并延伸到数据库搜索、网络引用、发行数据统计等应用；另一方面，适应原总局的资源规范要求，旨在向图书产业链上所有参与者提供完整的图书电子信息交换格式，以解决多种格式并存给书业信息交换带来的困扰，其主要目标有以下几点：

1）有效传递电力图书产品信息到产业链的各环节，满足所有参与者需求。

2）覆盖多种媒体产品，适用于各种语言的出版产品。

3）适应不用市场、不同销售策略，实现图书的在线发行。

4）基于XML，便于复杂文本信息的交流。

该标准的编写依据相关国标、行标、工程类标准，并结合平台自身应用进行调整。主要引用CY/T 101.8—2014《新闻出版内容资源加工规范　第8部分：图书加工》和CY/T 101.10—2014《新闻出版内容资源加工规范　第10部分：期刊加工》标准两个行业标准。在该标准目次设计上，整体按照CY/T 101.8—2014和CY/T 101.10—2014的框架，但将"加工存储及命名规则"从原"成品数据"一章中提出，单独成为一章，并放在"成品数据"一章之前，以便标准使用者能结合平台快速掌握数据加工存储的结构和命名规范，方便数据的查找和质检。

3．更新与服务

电力科技知识资源更新与服务标准，包括《电力行业知识关联规则》《电力行业新词发现规范》《电力行业知识地图建设规范》三个标准，用于指导和规范知识化资源加工、验收、交换，提高电力科技知识生产、服务和管理的质量和效率。

（1）《电力行业知识关联规则》。随着数字技术的丰富，知识库结合不同的领域知识已经得到了广泛应用，产生了一些基本的、简单的领域知识库，基于知识体系的知识组织相关理论也逐步成熟。然而，现有知识资源库里面的内容随着不断地更新越来越多，但大部分知识内容的体系是相对零散的、片段的、基于经验和项目产生的，以文献为节点的内容组织方式并不能满足用户对细粒度知识的需要。这些知识体系与用户的使用方式和应用场景尚存在距离。而知识的创新应用应从用户的使用出发，让一个权威系统的核心体系去关联不同知识系统的不同层级，从而达到重新组织资源内容、建立统一关联规则的目的和意义。因此，构建以知识关联为基础的统一知识体系成为未来知识服务的发展方向。基于权威的知识关联建立不同知识类型体系统一的关联规则，是满足用户个性化、定制化、智能化需求，实现精准知识服务的需要。

《电力行业知识关联规则》依托于电力行业目前比较权威的规范的知识体系——电力百科知识体系，结合电力行业数据特点与电力科技知识服务平台设置，规定了电力新闻图片、新闻视频关联规则、电力图书视频、案例库关联规则、电力图书关联规则、电力标准关联规则、电力专利关联规则等各种资源的统一关联规则，形成各类型资源知识体系的统一映射关系。本标准将作为构建语义检索及知识图谱的基础，并对后期更新资源的关联能起到规范作用。

该标准的应用技术如下：

1）基于语义网的智能检索应用。知识关联规则建立起各类型资源统一的关联关系，从而在进行智能检索时，一键式发现各类知识资源。

2）专业数据包打包应用。在进行各类型资源统一打包专业数据包服务时，基于知识关联规则，可以方便抽取不同类型资源打包成一个数据包。

3）构建知识地图。在建立各类型知识关联规则的基础上，通过检索人物、事件或机构，以知识地图的显性关系展示人、事、机构等要素之间及其他不同要素之间的相关关系。

（2）《电力行业新词发现规范》。信息技术以及互联网的发展，催生了大量文献信息，每时每刻都有可能出现新的词汇，所以需要不断地更新专业词典库。随着互联网、无线产品的发展，也出现了各种的自然语言处理应用，但这些应用的研究对象大多是普通领域，对电力专业领域涉及较少。此外，专业领域的专业词汇大多由人工提取更新到电力词典及其他知识体系中，这种方式无法保证新词的全面性，且效率较低。平台积累了图书、期刊、标准、成果、专利等权威标准化电力资源，可以为电力行业新词发现提供足够的语料。《电力行业新词发现规范》旨在为电力领域新词发现提供方法与流程支持，保证专业领域知识的正确性和全面性。

《电力行业新词发现规范》规定了如何利用大量的电力行业语料来提取出电力行业新词的方法和基本流程。用户通过给定的检索词将有助于其得到想要的资源，使用户更全面地了解所需要的信息；同时将得到的新词与现有的专业词汇进行关联，更新电力主题词表及电力知识体系。

新词发现的主要方法包括基于规则的新词发现方法和基于统计的新词发现方法。基于规则的新词发现方法核心在于规则库的建立，规则库中存储的内容是一些常用的构词规则和构词模式，这些规则或者模式是人们根据长期的观察和对汉语言的理解得到的，具有经验的性质，可能会随着时间不断变化。基于统计的新词发现方法，一般是利用统计策略提取出候选串，然后再利用语言知识排除不是新词语的垃圾串。或者是计算相关度，寻找相关度最大的字与字的组合。

单独利用规则的方法会由于规则获取的限制，不能满足逐渐加快的新词产生速度和识别速度的需求。而单独利用统计的方法，由于无法很好表现词语内部的结构特征和最多的融合语言学信息，也不能达到最好的效果。因此，在新词发现方面，更多的是选择基于规则和基于统计相结合的方法。

新词发现的流程主要包括预处理、分词、专业词汇抽取、分析处理和专家审核五个处理过程。数据源称为语料库，是指挑选出的电力特定领域未经过处理的用来提供分析用的文档资料。流程图如图2-5所示。

图2-5 新词发现流程

该标准的应用如下：

1）电力主题词表。提取出的电力行业新词可以按照其与现有电力专业词汇的关系更新到电力主题词表中，供用户进行查看。

2）电力知识体系。提取出的电力行业新词可以按照其与现有电力知识体系中电力专业词汇的关系更新到该体系中，展现更多词汇的关联性，供用户进行查看学习。

3）资源的搜索。对资源中含有该新词的文献进行标引，当用户在平台进行该词的搜索时，能够更高效地展现出用户所需要的信息，并可以与平台自身知识图谱相结合，提供更多的知识关联和显性可视化数据。

（3）《电力行业知识地图建设规范》。知识地图作为一种可视化框架，目的在于支持管理者更加明确地管理知识，是知识管理的重要技术与工具，涉及知识管理的各个方面。知识地图通过对知识的组织，不仅能够帮助用户检索所需知识、分析知识之间的关系，还能帮助管理者了解组织知识发展策略。

《电力行业知识地图建设规范》设计了本行业适用的一些知识地图相关的规则，主要内容包括知识地图的类型、构建方法以及应用。主要引用的标准有：GB/T 4894—2009《信息与文献　术语》、GB/T 23703.2—2010《知识管理　第2部分：术语》。

知识地图的分类。当前学界对知识地图的分类主要依据知识地图的形态、功能及应用情境进行划分。《电力行业知识地图建设规范》将电力行业知识地图划分为分布型知识地图、流程型知识地图、结构型知识地图、联系型知识地图、术语表型知识地图、生命期型知识地图、导航型知识地图与认知型知识地图。

知识地图作为知识管理的有力工具，其在电力知识行业中也具有重要的意义。一是知识的可视化；二是知识的建构与组织；三是产品的开发设计；四是知识的表达与共享；五是知识的评价与存储。另外，知识地图作为一种知识组织工具，可用于图书馆知识资源的可视化配置，明确知识的分布以及分布于不同空间的知识资源间的内在联系。

本章小结

本章从电力科技知识的分类、资源加工、知识服务标准体系建设三方面阐述了电力科技知识服务体系的建立过程与关键内容。概括来说，需要对科技知识进行准确分类、甄选和加工，明确电力科技知识体系的应用规范，建立电力科技知识标准体系，确定资源数字化加工、结构化加工与知识化加工的标准，为海量电力科技知识资源提供统一的表达方式和标准化技术。

本章内容为后续电力科技知识服务平台的设计、开发、实施及可持续运营提供理论基础。对于已搭建的电力科技知识标准体系，后续会建立动态维护机制，根据技术的发展与实际需求对标准体系进行修订，并建立与标准体系配套的企业标准化管理制度办法，促进标准的实施应用，加强标准监督检查，发挥标准的产业规范和科技转化引领作用。

参考文献

[1] 论知识服务体系基本构建框架[J]. 韩钦. 现代信息科技，2019（22）：135–137.

[2] "互联网+出版"时代智能发电知识服务体系建设探讨[J]. 郑艳蓉. 广东科技，2016（16）：100–101.

[3] 基于知识超网络的知识服务体系研究[J]. 康阳春，王海南. 图书情报工作，2018（S1）：64–67.

[4] 基于项目的知识服务体系研究[J]. 邱红. 图书馆学研究，2012（5）：90–93.

[5] 专业图书馆知识服务体系的构建[J]. 陈俊岚. 图书情报工作，2010（S2）：238–240.

[6] 论在知识服务体系中图书馆馆员的终身教育[J]. 梁柏静. 吉林商业高等专科学校学报，2005（1）：79–80.

[7] 试论信息时代高校图书馆知识服务体系建设[J]. 姚晓丹. 农业图书情报学刊，2016（11）：207–209.

[8] 数字图书馆大数据知识服务体系协同设计研究[J]. 张兴旺，李晨晖. 图书与情报，2015（3）：61–70.

[9] 面向临床诊疗的嵌入式知识服务体系要素分析[J]. 牟冬梅，王萍，张然，陈焱. 数字图书馆论坛，2017（1）：8–15.

[10] 大数据视角下高校图书馆知识服务体系的走向及创新[J]. 肖远文. 贵图学苑，2016（4）：21–23.

[11] 构建专业领域知识服务体系的通用框架[J]. 谢秋学，雍志娟，贺芳，郎彦妮. 出版发行研究，2018（8）：35–37.

[12] 区域地质调查标准体系研究[J]. 杜子图，毛晓长. 地质通报，2017（10）：1823–1829.

[13] 人工智能背景下数字出版知识服务生态体系构建[J]. 李玲飞. 行政管理改革，2020（10）：75–82.

[14] 社会智库知识服务能力体系构建研究[J]. 于旭，项亚男. 情报杂志，2020（11）：1–8.

[15] 智慧图书馆嵌入式知识服务体系构建研究[J]. 杨晓辉. 河南图书馆学刊，2020，40（10）：109-110.

[16] 媒体融合背景下出版业大数据建设的路径与思考[J]. 王晓东. 西部广播电视，2020，41（19）：78-80.

[17] 面向外文科技文献的科技知识组织体系建设与应用[J]. 孙坦，鲜国建，黄永文，刘峥. 数字图书馆论坛，2020（07）：20-29.

[18] 新基建背景下专业出版知识服务体系建设和运营[J]. 孙晓翠. 出版广角，2020（13）：24-26.

[19] 创新驱动的新型智库知识服务体系研究[D]. 孙东梅. 辽宁师范大学，2019.

[20] 基于科技大数据的智能知识服务体系研究设计[J]. 钱力，谢靖，常志军，吴振新，张冬荣. 数据分析与知识发现，2019，3（01）：4-14.

[21] 高校图书馆"互联网+社会化知识服务"体系研究[J]. 姚晓丹. 图书情报导刊，2016，1（12）：101-104.

[22] 面向智库转型的科技情报机构知识服务体系构建[J]. 刘如. 农业图书情报学刊，2018，30（01）：27-34.

电力科技知识服务平台设计与开发

电力科技知识服务平台的设计与开发，结合了当前互联网主流的架构设计与前沿技术，兼具开放性和成长性，是出版转型的重大基础设施和关键要素。本章通过平台架构设计、平台功能设计和平台核心能力三部分详细介绍了电力科技知识服务平台的设计理念和设计方案。

第一节　平台架构设计

一、总体设计

（一）设计原则

电力科技知识服务平台着眼于科技文献类资源集成管理，采用先进的技术对科技文献数据进行语义内容分析，构建电力科技知识图谱，以此来支撑科技知识资源的各种深度应用，如科技查重、科技查新、深度检索、统计分析、知识分享等。系统将主要实现用户服务、业务管理、资源加工、数据及知识处理以及分析管理5大功能子系统。为实现科技知识数据处理的标准化、结构化、规范化等，平台的设计主要遵循以下原则。

1. 先进成熟性原则

基于业界通用开放性标准，采用先进成熟的技术，依据相关技术架构规范进行功能的二次开发，使系统能够满足科技资源管理业务需求，同时适应未来一段时间业务需求及发展变化的需要。

2. 可扩展性原则

在进行硬件配置、方案设计、二次开发、系统实施时，平台应该具备良好的扩展性和可移植性。具备业务处理的灵活配置，能随着业务功能的变化灵活重组与调整，同时提供标准的开放接口，便于系统的升级改造和与其他系统进行数据与信息的交互。

3. 安全性原则

作为一个互联网平台，需要为用户提供7×24小时服务，因此要求系统具备高安全可靠性，并通过采用多种安全机制和技术手段保障系统安全稳定运行，满足网络和信息系统安全运行的要求。

4. 经济性原则

电力科技知识服务平台的构建必须实用、经济，应该尽量利用现有资源，坚持在先进、高性能前提下合理投资，以期在成本最佳的前提下获得最大的经济效益和社会效益。

此外，针对系统自身的特点，设计中又统筹兼顾了以下的原则：

（1）坚持以应用为导向，强调用户体验。系统建设的过程中，需要考虑互联网用户体验，在开发中遵循普遍适用于互联网的设计风格，强调简约、直观、友善的设计原则。

（2）兼顾处理大规模系统的运行和需求响应的经验。在保证系统建设过程规范、融合和适应先进技术的同时，需要能够应对未来大规模数据处理请求，在这方面设计中借鉴互联网企业以及普遍使用的可以安全稳定地响应海量用户请求的开放技术，比如分布式缓存技术、静态缓存技术、信息检索技术等。

（3）兼顾安全风险可控的原则。为了保障系统安全稳定运行，系统建设过程中需要通过采用多种安全机制和技术手段，但是当在极端情况下安全风险不可避免发生时，应该至少确保故障风险或系统灾难可以隔离在有效的时间或地理范围内，不能因为一级部署而造成风险的快速扩张或传播。

（二）总体架构

电力科技知识服务平台按照国家电网公司"SG-ERP"工程整体规划，遵循国家电网公司制定的编码规范等标准化设计成果，实现科技知识数据处理的标准化、结构化、规范化等工作。系统整体技术路线如表3-1所示。

分类	选型原则
表3-1	系统整体技术路线表

分类	选型原则
技术选型	界面展现技术：HTML5、JSP、JavaScript、Flex4.0； 服务器开发技术：JDK1.7； 运行环境：JDK1.7； 数据访问：JDBC
开发平台	使用SG-UAP 3.0开发框架，结合成熟的开源框架组件
中间件	应用服务器：WebLogic11g以上版本； 增量数据实时获取：网络爬虫； 消息中间件：ActiveMQ 5.0以上版本
数据库	平台业务数据库：Oracle 11g以上版本； 知识图谱数据库：MongoDB 3.4以上版本； 索引数据库：Elasticsearch 5.0以上； 配置数据库：SG-RDB（MySQL版本）
操作系统	Red Hat Linux企业版6.5
数据缓存	Redis 3.2.1
日志数据库	NoSQL组件HBase
分布式文件系统	分布式文件组件HDFS

平台整体以Java开发语言为主，要求JDK版本为1.7及以上，采用国家电网SG-UAP为整体开发框架，中间件主要包括WebLogic11g、网络爬虫以及消息中间件ActiveMQ 5.0以上版本，系统数据主要存储在大数据平台以及业务数据库Oracle中。

二、平台架构

（一）业务架构

平台在业务架构设计方面，强调以数据驱动为前提，以业务支持服务为目的，以建立科技知识资源标准化管理和推进出版业务转型为目标，在深刻理解科研管理的总体思路下，设计出能够满足电力行业科研人员使用的一体化知识服务平台，重点建设深度检索、资源加工管理、科技人员问答交流、科研辅助决策以及增强出版为重点的业务系统，并基于系统为科研人员提供各类知识资源以及科技查新、查重、交流合作等服务。平台具体业务框架如图3-1所示。

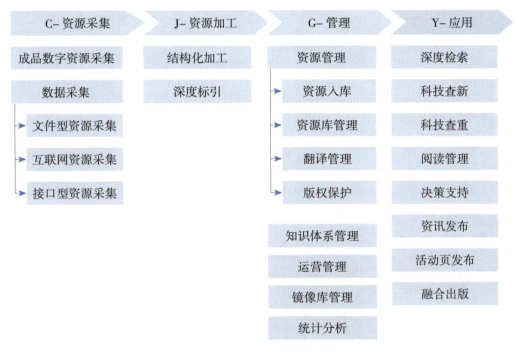

图3-1　电力科技知识服务平台业务架构

（二）应用架构

平台主要包含用户服务、业务管理、资源加工、数据及知识处理以及分析管理五个主要的业务应用。

用户服务主要为内外部用户提供各种服务的访问入口；业务管理主要为业务管理人员提供管理平台的各种支撑性服务；资源加工主要为平台资源加工人员提供资源的标引和资源数据存储管理；数据及知识处理主要负责资源数据采集、清洗和计算处理等基础技术；分析管理则为业务管理人员提供各种服务统计分析和用户分析功能。

电力科技知识服务平台的应用架构总图如图3-2所示。

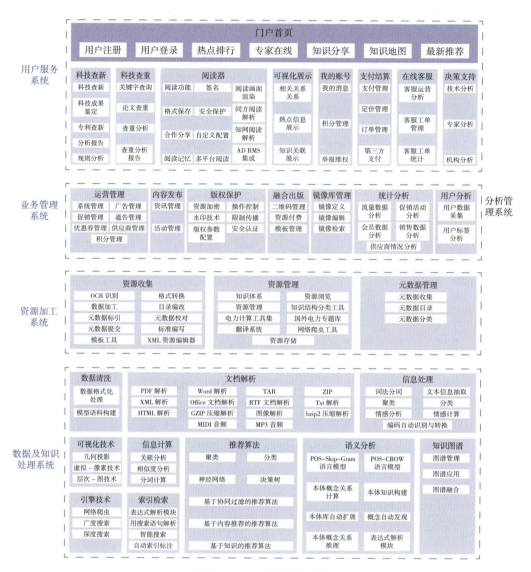

图3-2 应用架构总图

（三）数据架构

平台数据架构设计从采集子域、安全子域、数据加工及分析子域以及业务运营子域四大模块进行数据架构设计，具体数据架构设计如图3-3所示。

图3-3　平台数据架构设计图

（四）技术架构

技术架构实现上，遵循SG-EA技术架构设计规范，采用组件化、动态化的软件技术，利用一致的可共享的数据模型，按照展现层、业务逻辑层、安全层、数据服务层、基础架构服务层进行划分，实现多层技术体系设计。通过集成平台进行界面、数据和服务集成，实现科技资源数据的各接口组件能够为内外部用户提供多层次集成应用，以满足公司对知识访问的服务需求，为各单位提供高效便捷的知识访问支撑。平台技术架构如图3-4所示。

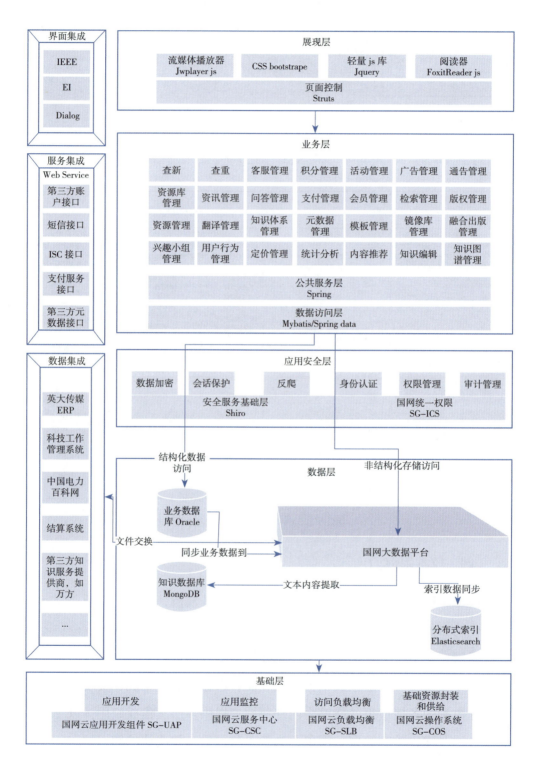

图3-4 技术架构图

1. 展现层

展现层提供应用操作界面，包括各类业务服务申请、内容搜索、管理和交易支持Web交互式的数据展示与图表分析功能。本系统采用一级部署、一级应用的方式满足公司内外不同用户使用平台各类业务功能。展现层使用JW player（视频播放），Foxit Reader（阅读器），jQuery（应用互动）以及Bootstrape（css管理）等js库，通过Struts框架实现展现层与业务层的逻辑分离。

2. 业务层

业务层封装了各类业务的流程和调用接口，通过定期数据采集、数据上传和数据加工服务将各类资源数据通过整合、清洗后存储到大数据平台中，将平台业务功能如查新、搜索、分享、提问、图谱等功能进行封装提供给前台展现层；技术上通过JavaEE轻型应用框架Spring，提供上层的服务封装和调用支持；使用Mybatis访问关系数据库，使用Spring Data来访问非关系型数据，支持MongoDB、Redis和Hbase访问的标准接口。

3. 应用安全层

应用安全层主要针对各类业务操作进行控制和分析，提供对身份角色权限的检查，对数据加密和解密处理，对关键操作进行审计记录以及对各类用户访问进行实时统计分析处理，安全层主要基于Apache Shiro开发（提供认证、授权、加密、会话管理、缓存等功能），统一权限（对用户、组织和角色提供统一控制）。

4. 数据层

数据层主要为上层应用提供数据管理、集成方面的服务，数据层中的数据主要分为业务管理数据（结构化），各类非结构化数据（元数据，非结构化文档），基础配置数据和安全审计数据等。为了提高访问的灵活性和开发效率，服务层采用标准接口，如JDBC（关系数据库）、NoSQL数据操作API、RestFul API（访问索引数据库）等方式提供数据获取服务，数据层把数据库相关的操作做统一封装处理，服务层以对象的方式操作数据。数据层内部利用大数据平台内置的数据整合传输方面的服务，通过分布式消息队列（Kafka）将应用事件、日志数据在数据层和业务层之间进行传输，供上层应用进行分析和统计计算。

5. 基础层

基础层主要提供对开发、物理资源、应用监控和业务负载均衡提供支撑。通过SG-UAP提供的企业级基础框架和公共套件实现系统的技术架构统一和安全可靠，为信息系统研发、实施和运维人员提供系统开发和运行环境支撑。平台需要多种类型物理资源，采用SG-COS提供的云操作系统，对平台需要的各类资源（如虚拟机、物理机、网络、存储等）实现统一封装和按需供给。本平台中存在多种前后台应用和基础技术服务，需要对相关应用和服务提供各类监控和管理，系统在开发中按SG-16000的规范要求通过数据输出采集接口的方式与SG-CSC的应用监控进行整合。

6. 集成平台

平台与外部各系统间集成实现技术包括界面集成、数据集成、服务集成三种方式。由于部分知识资源服务商仅提供Web远程访问服务，不提供元数据，对于此类系统平台通过界面集成实现用户远程访问；对于系统间数据共享涉及大规模数据传输、转移的情况，平台通过数据集成的方式实现；对于系统间信息交互及数据共享涉及少量准实时数据传输、消息传输，则通过应用集成方式实现。

（五）安全架构

依据GB/T 22240—2008《信息安全技术　信息系统安全等级保护定级指南》和国家电网公司《关于深化管理信息系统安全等级保护定级与备案相关工作的通知》（信息运安〔2010〕116号），参照国家电网公司现有系统定级情况，电力科技知识服务平台的业务信息安全保护等级（S）定为二级，系统服务安全保护等级（A）定级为二级，整体安全保护等级定为二级（S2A2G2），其安全防护框架体系遵循公司信息安全防护总体框架体系和国家信息系统安全保护要求。按照"分区分域、安全接入、动态感知、全面防护"的安全策略，依据等级保护二级系统要求，针对平台有可能面临的安全风险，重点从应用安全、数据安全、终端安全功能设计等方面进行设计。平台安全防护整体布防结构和总体技术架构如图3-5和图3-6所示。

图3-5 系统安全防护整体布防图

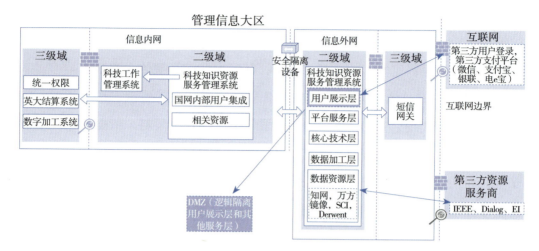

图3-6　系统安全防护总体技术架构

主要防护目标如下：

（1）满足国家信息安全等级保护和国家电网公司管理信息系统安全防护的基本要求（S2A2G2）。

（2）加强外网网络和Web应用层面的安全防护，防范对系统和业务应用的攻击。

（3）加强内网网络和操作系统层面的安全防护，防范对业务系统的攻击和数据泄露。

（4）加强应用层面安全防护，提高应用系统稳定性，确保系统提供正常的业务服务。

第二节　平台功能设计

一、用户展示功能

（一）平台门户首页

平台门户首页是各类用户进入系统平台的入口，通过www.ceppedu.com进入系统首页。系统的首页是系统运行的主界面，包括Logo、导航栏、功能菜单、一框式搜索栏、高级搜索入口及登录、注册等内容。

首页上方导航栏包含"首页""文献""标准""成果""专利""图书""专业数据库"和"更多服务"模块，如图3-7所示。

图3-7　平台首页——首页界面

"首页"提供"科技查新""知识地图""知识图谱""共享实验室"和"专题服务"功能。

"专业数据库"提供"中国知网""SCI""IEEE""万方数据"等其他平台链接，如图3-8所示。

图3-8 平台首页——专业数据库界面

"更多服务"包括"在线小工具""语义分析""咨询""资源下载"及"期刊投稿"等功能，如图3-9所示。

图3-9 平台首页——更多服务界面

（二）知识地图

知识地图是不同知识点之间重要的动态联系，它是知识管理系统的输出模块，输出的内容包括知识的来源、整合后的知识内容、知识流和知识的汇聚。

通过导航条首页下拉框中的"知识地图"进入电力交易管理知识地图页面，页面展示知识地图名称列表和地图内容，如图3-10所示。

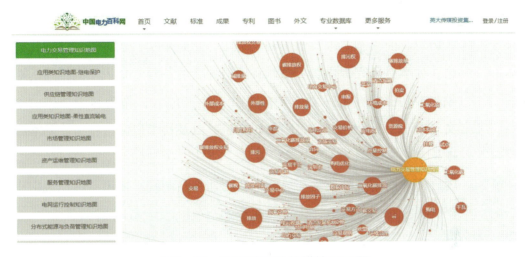

图3-10　知识地图功能模块展示图

知识地图列表导航栏包含15个电力行业相关主题地图，分别是"电力交易管理知识地图""应用类知识——继电保护""供应链管理知识地图""应用类知识——柔性直流输电""市场管理知识地图""资产运维管理知识地图""服务管理知识地图""电网运行控制知识地图""分布式能源与负荷管理知识地图""电费管理知识地图""资产项目管理知识地图""应用类知识——电力系统稳定控制""风险管理知识地图""电源管理知识地图"和"信息技术管理知识地图"，通过切换知识地图，显示相应的地图内容。

（三）可视化展示

可视化技术能够将数据、信息、知识等转化为更容易为人所接受的图形信号，帮助人们更深层次地理解原始信息。通过可视化的表达方式，人们可以挖掘到新的信息及知识关联等，从而做出正确决策。

可视化展示（见图3-11）是通过将应用数学、图形学、信息可视化技术、信息科学等学科的理论与方法与计量学引文分析、共现分析等方法结合，并利用可视化的图谱形象地展示学科的核心结构、发展历史、前沿领域以及整体知识架构，达到多学科融合目的的现代理论，为学科研究提供切实的、有价值的参考。科学知识图谱描述的对象主要包括科学技术活动中从事知识生产的人，作为知识载体的论文、期刊、显性或者可编码化的知识，以及科学研究过程。其基本原理是基于文献单元（科学家、引文、机构、关键词、期刊等）的相似度分析，根据各种数学和统计学的原理来绘制科学知识图谱，为用户提供科技知识资源可视化直观展示。

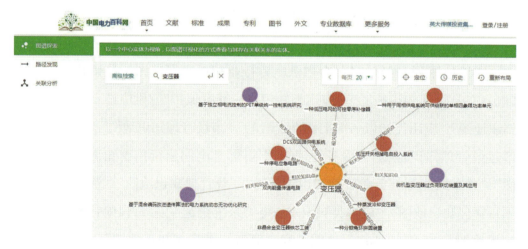

图3-11　科技知识资源可视化展示

（四）共享实验室

共享服务是指实验室将科研设施与仪器设备向社会开放，由其他单位、个人等创新主体用于科学研究和技术开发的行为。早在1993年10月1日起颁布施行的《中华人民共和国科学技术进步法》中，国家就已明确提出了国务院科学技术行政部门应当会同国务院有关主管部门，建立科学技术研究基地、科学仪器设备和科学技术文献、科学技术数据、科学技术自然资源、科学技术普及资源等科学技术资源的信息系统，及时向社会公布科学技术资源的分布、使用情况。

党的十八届三中全会提出了"国家重大科技基础设施依照规定应该开放的一律对社会开放"的改革任务。明确指出要"建立统一开放的国家网络管理平台，按照科研设施与仪器功能实行分类开放共享。"近年来，国务院、国家各部委又陆续发文积极推动国家大型科研基础设施和仪器设备向社会开放共享。2018年4月19日，中华人民共和国科学技术部、国务院国有资产监督管理委员会印发《关于进一步推进中央企业创新发展的意见》（国科发资〔2018〕19号），明确提出将中央企业符合条件的科研设施与仪器设备纳入国家科技资源共享服务平台，进一步向各类创新主体开放共享。至此，国家对于大型科研基础设施和仪器设备向社会开放的要求延伸到了企业，实现了全覆盖。

国家电网公司实验室作为公司科技创新体系的重要组成部分，围绕公司科技战略目标，开展战略性、前瞻性、基础性、共性关键技术创新研究，为培养公司优秀人才，是公司开展高层次交流、培训、成果培育的重要基地。开展实验室共享服务是公司业务创新、管理创新、价值创造的具体体现。平台借助公司开放实验室科研资源的有利时机，积极建设公司实验室仪器设备数据库，开发共享实验室功能模块，支持公司各实验室面向包括电力设备厂商、发电集团、高校、科研院所及国家电网系统内其他单位在内的用户提供实验室资源共享的服务。

平台共享实验室模块提供实验室搜索功能，含有实验室目录和热点实验室两个部分，实验室目录包含有19个国家级实验室以及81个公司级实验室信息资源供用户浏览，热点实验室列举出了一些热点实验室的信息，帮助用户快速找到相关实验室信息资源。实验室数量地域分布图展示了实验室在全国范围内的数量分布信息。

共享实验室详情（见图3-12）展示用户提供了包含实验室类别、所属省份、依托单位以及负责人信息和联系方式等在内的实验室基本信息、历年承担的项目信息、获得的知识产权信息、主要仪器设备信息和实验系统信息。

图3-12 共享实验室信息详情展示

（五）专题服务

平台专题服务功能是通过数据、模型和知识建立起多维度的分析体系，辅助决策者提升决策质量和效率。专题服务从用户搜索维度分为了知识点、机构、专家和期刊四个专题服务模块。

1．知识点分析

专题服务—知识点分析（见图3-13）提供电力领域规范名词术语的内容介绍。同时包含"统计分析""层次可视化分析""几何可视化分析"和"像素可视化分析"四种分析方式的分析功能展示。

图3-13　专题服务—知识点分析界面

为了丰富关于某一个知识点的内容信息，平台力争做到多维度语义关联，对于知识点的统计分析，主要包含与知识点紧密相关的技术关键词云、层次可视化分析、知识点Top10专利数目机构柱状图统计展示、知识点相关专利国内外趋势分展示、知识点Top10相关专家信息展示、知识点相关专利地域分布图、知识点相关学位论文和期刊论文的数量趋势分析、涉及该知识点的相关成果数量趋势图以及该知识点的成果相关机构、成果等级分布和成果相关人物信息展示等，具体统计分析和层次可视化分析分别如图3-14和图3-15所示。

图3-14　知识点—统计分析

图3-15　知识点—层次可视化分析

2．机构分析

专题服务—机构分析（见图3-16）提供以机构为检索对象的数据统计分析，重点以机构为单位集中展示权威专家、研究热点、科研成果等内容，包含"统计分析""层次可视化分析""几何可视化分析"和"像素可视化分析"四种分析方式及功能展示。

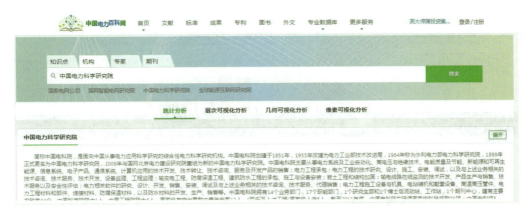

图3-16　专题服务—机构服务界面

针对机构的统计分析（见图3-17）包含机构相关技术关键词云、机构图谱可视化展示、机构专利知识产权历年数量变化趋势图、机构论文知识产权历年数量变化趋势图、机构Top10专利数目专家信息展示、机构Top10论文数目专家信息展示、机构年度热词历年统计分析、机构成果等级分布、机构成果历年发表趋势分析展示、机构参与成果关联的领域柱状统计分析展示等，形成初步的机构画像。

图3-17　机构—统计分析

3. 专家分析

专题服务—专家分析（见图3-18）试图构建能源电力领域专家

图3-18　专题服务—专家服务界面

画像，具体包含专家相关技术关键词云、专家图谱可视化展示、专家发表专利历年数量变化趋势图、专家发表论文历年数量变化趋势图、专家Top10专利技术关键词统计分析、专家Top10合作作者信息展示、专家发表论文分类占比扇形分析展示、专家参与成果历年统计趋势分析、专家参与成果关联的领域柱状统计分析展示，专家服务统计分析如图3-19所示。

图3-19　专家—统计分析

专家层次可视化分析（见图3-20）包含了围绕该专家的机构、期刊论文、会议论文、国家标准、行业标准、企业标准、实用新型专利及发明专利的相关权威资料显示。这个功能能够有效地帮助专家梳理成果，节省了大量的人力和时间成本。

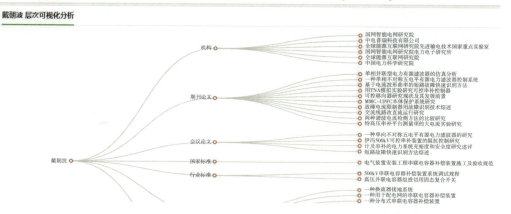

图3-20　专家—层次可视化分析

4. 期刊分析

专题服务—期刊分析（见图3-21）提供电力领域相关期刊及对该期刊的相关介绍。同时包含"统计分析""层次可视化分析""期刊对比"三种分析方式的分析功能展示模块。其中，统计分析包含期刊研究主题按照发文量排行以及被引量排行的统计分析、期刊机构分析

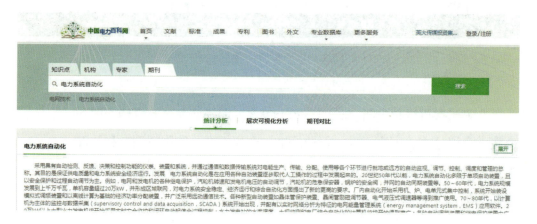

图3-21　专题服务—期刊服务界面

按照发文量排行以及被引量排行的统计展示、期刊学者分析按照发文量排行以及被引量排行的统计展示以及该期刊历年发文趋势统计分析。

二、平台服务功能

（一）运营管理

运营管理功能是支撑电力科技知识服务平台运营的后台管理系统，主要包括促销管理、查新管理、广告管理、积分管理、供应商管理、优惠券管理、通告管理、会员等级管理、产品管理、推荐管理、用户标签管理、兴趣小组内容管理和积分商城产品管理等内容。主要功能示例分别如图3-22～图3-27所示。

图3-22　机构信息管理

图3-23　广告管理

图3-24　企业资源授权管理

图3-25 资源管理

图3-26 实验室信息

（二）用户分析

用户分析是对系统用户相关数据进行分析，以便加强对系统用户的管理。用户分析系统界面如图3-27和图3-28所示。

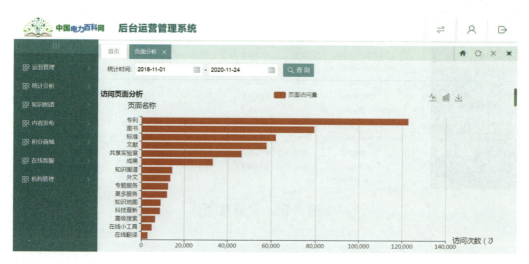

图3-27　访问页面分析

图3-28　用户分析

（三）统计分析

统计分析功能是对平台运营数据进行分析，辅助管理人员进行决策，具体包括销售数据分析、用户统计、资源统计、会员数据分析、供应商统计分析、流量数据分析和促销活动分析等，各功能界面设计如图3-29～图3-35所示。

图3-29　平台用户统计界面

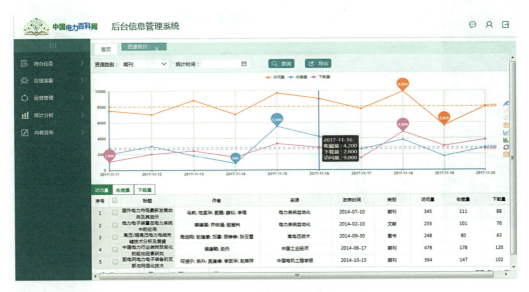

图3-30　资源统计界面

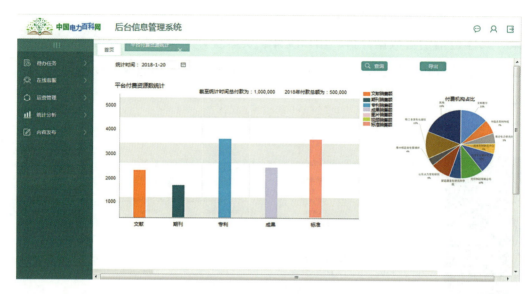

图3-31　平台付费资源统计

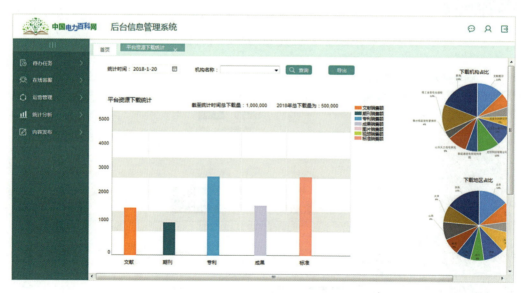

图3-32　平台资源下载统计界面

图3-33　平台热词分析界面

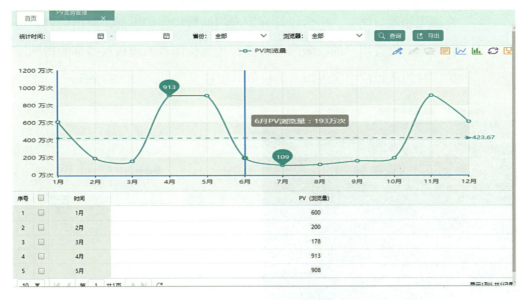

图3-34　PV走势管理界面

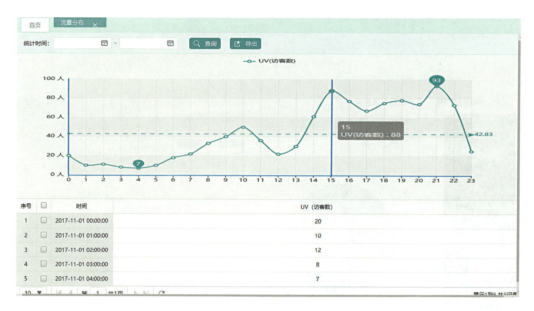

图3-35　流量数据分析界面

（四）版权保护

　　为加强内容资源的版权保护，平台采用数字资源加密、水印技术等手段，对内容开展分段保护、分发保护、分类保护、在线阅览保护、版权嵌入保护、页面权限保护、多媒体内容保护、书籍文字保护以及传播终端限制等。同时，平台设计开发专门的版权保护界面，对出版资源进行管理，设置用户的权限限制传播，让每位作者的版权权益都能得到维护，并能从版权中实现作者的价值。版权保护界面如图3-36所示。

图3-36　版权保护界面

（五）融合出版

融合出版功能完全为出版转型而设计。主要是以二维码为连接，将音频、视频、动画等富媒体资源植入传统图书、期刊相关内容中，以提升图书、期刊等传统出版物的阅读体验。传统出版物通过这种增值服务的方式，创新知识服务的手段和路径，探索建立新的知识服务方式和盈利模式，进而推动传统出版业务的转型升级。融合出版的界面如图3-37所示。

图3-37　融合出版界面

第三节 平台核心能力

一、ES搜索引擎

（一）搜索引擎

搜索引擎技术实际上从古代就有。打个比方，如果某个人想找到某一本书，传统的方法是去图书馆，按照分类目录的方式，先确定要找的书籍是哪个类别的，然后从目录里面找到想要找的书籍位于屋子的什么位置，然后再去拿。互联网中搜索引擎其实就是做了生成目录（也就是索引）的事情，首先把信息资料进行编号，然后再把每篇资料内容切成词，最后把词和资料编号的对应关系处理成"词→编号列表"的形式。

ES是Elasticsearch的简称，它是一个基于Apache Lucene的开源搜索引擎，无论在开源还是专有领域，Lucene都被认为是迄今为止最先进、性能最好的、功能最全的搜索引擎库。但是，Lucene只是一个库。想要发挥其强大的作用，需要使用Java并将其集成到应用中。Elasticsearch也是使用Java编写并使用Lucene来建立索引并实现搜索功能的，但是它的目的是通过简单连贯的RESTful API让全文搜索变得简单并隐藏Lucene的复杂性。

目前，Elasticsearch不仅仅是Lucene和全文搜索引擎，它还提供以下功能。

（1）分布式的实时文件存储，每个字段都被索引并可被搜索。

（2）实时分析的分布式搜索引擎。

（3）可以扩展到上百台服务器，处理PB级结构化或非结构化数据。

平台引入ES搜索引擎技术，研发基于平台资源具有行业特色的一站式检索工具。返回结果方面，平台各资源库的建设基于严格的内容加工标准和筛选规则，因此，用户看到的检索结果，都是权威的电力科技知识资源，具有很高的置信度。推送排序方面，平台自身定义了检索策略和结果排序，代表了平台对于内容资源的理解和态度，更符合专家式引擎的发展方向。

（二）网络爬虫

随着大数据时代的来临，网络爬虫在互联网中的地位将越来越重要。互联网中的数据是海量的，如何自动高效地获取互联网中我们感兴趣的信息并为我们所用是一个重要的问题，而爬虫技术就是为了解决这些问题而生的。

网络爬虫也叫作网络机器人，可以代替人们自动地在互联网中进行数据信息的采集与整理。在大数据时代，信息的采集是一项重要的工作，如果单纯靠人力进行信息采集，不仅低效烦琐，搜集的成本也会很高。此时，我们可以应用网络爬虫对数据信息进行自动采集，比如应用于搜索引擎中对站点进行爬取收录，应用于数据分析与挖掘中对数据进行采集，应用于金融分析中对金融数据进行采集，除此之外，还可以将网络爬虫应用于舆情监测与分析、目标客户数据的收集等各个领域。

搜索引擎离不开爬虫，比如百度搜索引擎的爬虫百度蜘蛛（Baiduspider）。百度蜘蛛每天会在海量的互联网信息中进行爬取，爬取优质信息并收录，当用户在百度搜索引擎上检索对应关键词时，百度将对关键词进行分析处理，从收录的网页中找出相关网页，按照一定的排名规则进行排序并将结果展现给用户。在这个过程中，百度蜘蛛起到了至关重要的作用。那么，如何覆盖互联网中更多的优质网页？又如何筛选出其中重复的页面？这些都是由百度蜘蛛爬虫的算法决定的。采用不同的算法，爬虫的运行效率会不同，爬取结果也会有所差异。

电力科技知识服务平台在资源收集的过程中为了丰富平台内容，从网络资源中定向爬取一些信息，为了保证信息的专业性、权威性，平台主要瞄准了国家能源局、国家科技部、各发电集团门户等官方网站，采集与科技创新工作相关的内容。基于ES搜索引擎和网络爬虫原理，平台通过一框式搜索和高级搜索两种方式，展现数据搜索结果。

1. 一框式搜索

在首页搜索框输入关键字后进行查询，进入检索结果界面，平台提供从相关知识体系、时间、资源类型等方面对搜索内容进行数据统计，展示搜索词条的知识图谱以及相关文献列表，如图3-38和图3-39所示。

图 3-38 一框式搜索界面

图3-39　检索结果列表显示

2. 高级搜索

平台提供高级搜索入口，可以对各文献字段进行精确搜索、推理及关联检索，用户可自定义输入关键字或者是一段文字，同时筛选资源库类型进行检索查询，如图3-40和图3-41所示。

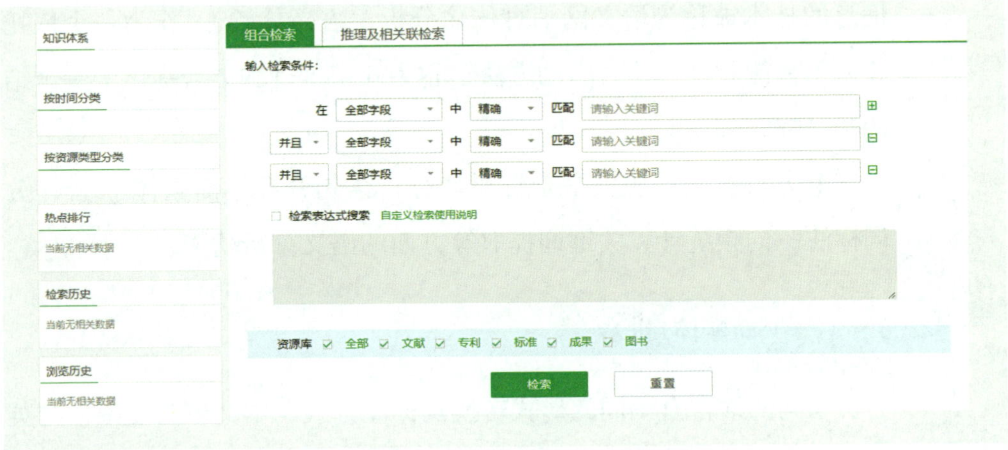

图3-40　文献字段精确搜索

图3-41　推理及关联检索

二、语义分析

语义分析是编译过程的一个逻辑阶段，其任务是对结构上正确的源程序进行上下文有关性质的审查。互联网当中用来获得和理解文本信息的技术被称为语义网消息传输分析（语义分析）。作为一个依托于人工智能和计算语言学的方法，它为知识推理和语言提供了一个结构和过程。

电力科技知识服务平台针对待分析语句开发了简繁体/拼音、分词标注、词频统计、关键词提取等方面的语义分析功能。

（一）简繁体/拼音

不同的语言有不同的形式转换及标注方式，中文较为复杂，与英语等语言不通，语义分词的转换标注主要是简体与繁体转换，以及汉语拼音的标注。其中简繁转换可以通过简单的词表对照，利用查询算法实现，拼音的标注则较为复杂，这主要是因为中文存在大量的一词多音现象，很多高频词汇具有若干种读音，并且规则复杂，对拼音的正确标注不仅仅是中文标准的关键，同时也是语音识别、语音转写、机器翻译等技术的核心内容，除了传统的统计与规则相结合的方法，得益于机器学习尤其是神经网络的快速发展，近两年中文拼音的标注有了很大的提升，几乎已经接近100%的准确率。

中文或者说汉语拼音的读音规律一般有词义不同、词性不同、语体不同以及特殊用法，对汉语拼音的标注首先要进行分词和词性标注。平台简繁体/拼音转换如图3-42所示。

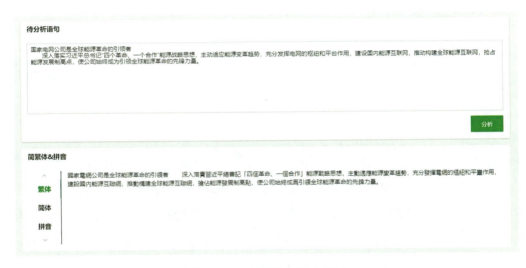

图3-42　简繁体/拼音转换

（二）分词标注

中文分词是将中文分成词语序列，用数学的语言解释，就是存在一个对应，对于一个中文语句可以将多个中文基本单元（文字）映射到词组上，目前常见的中文分词包括基于字符串匹配的算法、基于规则的分词算法以及基于统计的分词方法。

平台提供的分词标注分为自然语言处理（natural language processing,

NLP）分词、精准分词、索引分词、N最短路径分析和crf分词，分词标注页面如图3-43所示。

图3-43　分词标注页面

（三）词频统计

在给定的一段文字中里，词频（term frequency，TF）指的是某一个给定的词语在该文件中出现的次数。词频统计主要是针对分词结果的统计，目前有很多成熟的算法可以直接使用，一般按照词性类别划分，词性类别指动词、名词、形容词等词性类别，功能强大且复杂的分词器可以实现更多的词性类别定义，包括但不限于标点、后缀、简称、习惯用语等。针对电力领域还可以进行细分，例如，名词可以包括学术词汇、人名、地名、方位、状态等，电力领域的词性可以参考《中国电力百科全书（第三版）》的内容进行详细划分和修正。

平台提供的词频统计分为列表展示（见图3-44）和图形展示（见图3-45）。

词频统计

列表展示	名词:			动词:			形容词:	
图形展示	词名	词频		词名	词频		词名	词频
	能源	25		引	6		主动	4
	全球	15		领	6		充分	4
	互联网	10		是	4			
	能源革命	8		落实	4			
	电网	6		革命	4			
	公司	6		合作	4			
	习近平	5		适应	4			
	总书记	5		变革	4			
	战略	5		发挥	4			
	思想	5		建设	4			

图3-44 列表展示页面

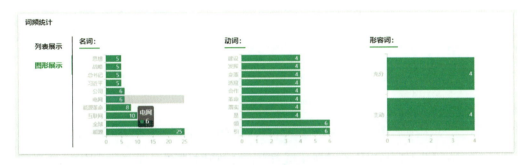

图3-45 图形展示页面

（四）关键词提取

关键词提取（见图3-46）是一种常见的决策分析技术，关键词是一篇文档中表达的主要话题，处理文档或句子时，提取关键词是

图3-46 关键词提取

最重要的工作之一。常见的关键词提取方法有：TF-IDF关键词提取方法、Topic-model关键词提取方法和RAKE关键词提取方法。除此之外，还有TF-IDF的改进算法KEA、pagerank的改进算法textrank等。

除去传统的方法，随着人工智能技术的发展，近两年一种基于神经网络的Word2vec方法逐渐被应用到关键词提取中，Word2vec将词语进行向量化表示，然后对词聚类，找出文本中哪些簇的词占比更多，关键词就从这些类团中提取。这个方法特别适用于专业领域，也被大量垂直搜索引擎采用，对于电力领域的关键词提取也可以采用Word2vec算法。

三、知识图谱

知识图谱（knowledge graph/vault）又称为科学知识图谱，在图书情报界称为知识域可视化或知识领域映射地图，是显示知识发展进程与结构关系的一系列不同的图形，用可视化技术描述知识资源及其载体，挖掘、分析、构建、绘制和显示知识及它们之间的相互联系。

具体来说，知识图谱是通过将应用数学、图形学、信息可视化技术、信息科学等学科的理论与方法与计量学引文分析、共现分析等方法结合，并利用可视化的图谱形象地展示学科的核心结构、发展历史、前沿领域以及整体知识架构达到多学科融合目的的现代理论。它把复杂的知识领域通过数据挖掘、信息处理、知识计量和图形绘制显示出来，揭示知识领域的动态发展规律，为学科研究提供切实的、有价值的参考。迄今为止，其实际应用在发达国家已经逐步拓展并取得了较好的效果，但它在我国仍属研究的起步阶段。主要特点如下：

（1）用户搜索次数越多，范围越广，搜索引擎就能获取越多信息和内容。

（2）赋予字串新的意义，而不只是单纯的字串。

（3）融合了所有的学科，以便保证用户搜索的连贯性。

（4）为用户找出更加准确的信息，做出更全面的总结并提供更有深度的相关信息。

（5）把与关键词相关的知识体系系统化地展示给用户。

（6）用户只需登录谷歌旗下60多种在线服务中的一种就能获取在其他服务上保留的信息和数据。

（7）谷歌从整个互联网汲取有用的信息让用户能够获得更多相关的公共资源。

知识图谱主要目标是用来描述真实世界中存在的各种实体和概念，以及它们之间的强关系，我们用关系去描述两个实体之间的关联，例如作者与机构、文章之间的关系。它们的属性，我们就用"属性值——对应"来刻画它的内在特性，比如论文有期刊、作者、关键词等。知识图谱可以通过人为构建与定义去描述各种概念之间的弱关系。平台构建的电力行业知识图谱如图3-47和图3-48所示。

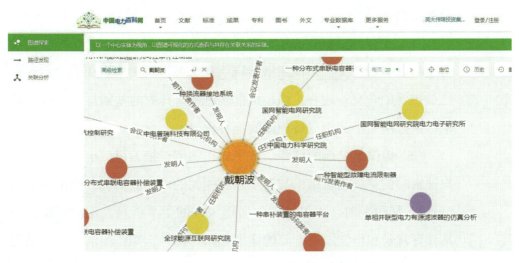

图3-47　知识图谱展示（一）

图3-48 知识图谱展示（二）

图3-47中描述了以一个电力领域专家为核心的论文图谱，图谱包含了机构、文章和人物间的关系。知识图谱从以下三方面提升搜索效果：

（1）找到最想要的信息。语言可能是模棱两可的，一个搜索请求可能代表多重含义，知识图谱会将信息全面展现出来，让用户找到自己最想要的含义。现在，Google能够理解这其中的差别，并可以将搜索结果范围缩小到用户最想要的那种含义。

（2）提供最全面的摘要。有了知识图谱，搜索可以更好的理解用户搜索的信息，并总结出与搜索话题相关的内容。例如，当用户搜索"玛丽·居里"时，不仅可看到居里夫人的生平信息，还能获得关于其教育背景和科学发现方面的详细介绍。此外，知识图谱也会帮助用户了解事物之间的关系。

（3）让搜索更有深度和广度。由于知识图谱构建了一个与搜索结果相关的完整的知识体系，所以用户往往会获得意想不到的发现。在搜索中，用户可能会了解到某个新的事实或新的联系，促使其进行一系列的全新搜索查询。其中在电力知识领域可搜索到的知识体系如下：

1）自有的电力行业出版资源，包括电力技术专利、论文、杂志、产品使用说明书等。

2）引入的国内外科技知识资源，包括各大学术期刊上的，电力论文、专利、书籍等。

3）企业自有的数据库资源，包括发电、输电、变电、配电、用电、调度及能源、环保用电、部门人力资源、财务资源报表、销售流水等。

4）各大网站上的新闻资源，包括电力相关新闻、图片、视频等。

5）互联网上电力相关数据，包括百科类数据、垂直网站数据、电力平台用户搜索日志等。

综上所述，电力相关领域的海量数字内容资源能够作为电力知识图谱的数据基础。由于上述电力知识高度互联，实体之间不是完全独立的，而是相互关联，具有所属关系，上下位关系等关联，所以使用普通法规的知识结构存储会丢失大部分关联信息，导致数据价值大大减少，因此，应该使用既能存储实体信息，又能很好地存储实体之间相关信息的知识存储结构，使在保证数据完整性上能更深层次的挖掘关联信息间的内在价值、保障知识的完整性、最大化知识的内在价值。基于知识图谱和可视化技术，平台构建了电力行业最大的科技知识图谱，主要从图谱探索、路径发现、关联分析三个方面展示电力知识领域知识图谱结果。

（一）图谱探索

图谱探索（见图3-49）是以一个中心实体为视角，以图谱可视化的方式查看与其存在关联关系的实体。图谱可视化的查看方式为通过输入关键词、选择每页展示的数目、回车搜索。历史按钮包含了以前的搜索记录，定位可以帮助快速在图上定位到所需的位置，筛选过滤可以选择想要搜索的选项。

图3-49　图谱探索

（二）路径发现

路径发现是在一个基于人物、机构、资源、技术点等实体形成的网络关系图中，查询任意两个主体的最短路径。点击路径发现，进入该界面。在定向分析下面输入起点和终点，查找路径（见图3-50）。图统计中选择统计分析（见图3-51），图解读可以为每一条路径进行解读（见图3-52）。

图3-50　路径发现—定向分析

图3-51　图统计

图3-52　图解读

（三）关联分析

关联分析是在一个基于人物、机构、资源、技术点等实体形成的一个网络关系图中，查询任意多个主体的关联关系。点击关联分析，进入关联分析界面。在定向分析中添加对象（见图3-53），在图统计中选择统计分析内容。

图3-53　关联分析—定向分析

本章小结

　　本章首先介绍了电力科技知识服务平台总体架构设计，包括总体平台架构设计原则、总体架构组成、业务架构设计、应用架构设计、技术架构设计、数据架构设计及安全架构设计情况。针对平台的功能设计情况，分别从用户的展示功能和服务功能两大方面进行阐述，展示功能例如平台门户首页、知识地图等，服务功能例如运营管理、用户分析等。平台核心技术能力方面主要包括ES搜索引擎、语义分析和知识图谱三大模块。本章重点介绍了电力科技知识图谱功能模块的基本情况。

参考文献

[1]　叶育鑫. 语义Web下的知识搜索及其核心技术[D]. 吉林大学，2010.

[2]　郭雪峰. 基于Elasticsearch的HBase海量数据二级索引方案[J]. 电脑知识与技术，2020，16（1）：5-7.

[3]　陈俊杰. 中文搜索引擎现状与发展研究[J]. 佳木斯教育学院学报，2011（3）：491-492.

[4]　舒万畅. 爬虫技术在大数据领域中的应用分析[J]. 科学技术创新. 2018（36）：91-92.

[5]　王明军. 基于Web的空间数据爬取与度量研究[D]. 武汉大学，2013.

[6]　刘清堂，黄景修，吴林静，郭志强. 基于语义网的教育应用研究现状分析[J]. 现代远距离教育，2015（1）：60-65.

[7]　陈开昌. 自然语言处理技术中的中文分词研究[J]. 信息与电脑（理论版）. 2016（19）：61-63.

[8]　修驰. 适应于不同领域的中文分词方法研究与实现[D]. 北京工业大学，2013.

[9]　段宇锋，黑珍珍，鞠菲，崔红. 基于自主学习规则的中文物种描述文本的语义标注研究[J]. 现代图书情报技术. 2012（5）：41-47.

[10] 刘秀磊. 基于词法分析和语义分析的本体集成研究[D]. 北京邮电大学，2012.

[11] 隗中杰. 文本分类中TF-IDF权重计算方法改进[J]. 软件导刊. 2018（12）：39-42.

[12] 姜永清，赵宪佳. 基于文本的关键词提取方法研究与实现[J]. 信息与电脑（理论版），2020，32（5）：51-54.

[13] 杨小平，张中夏，王良，张永俊，马奇凤，吴佳楠，张悦. 基于Word2Vec的情感词典自动构建与优化[J]. 计算机科学. 2017（1）：42-47.

[14] 胡泽文，孙建军，武夷山. 国内知识图谱应用研究综述[J]. 图书情报工作，2013，57（3）：131-137，84.

第四章

电力科技知识服务平台关键技术

目前，简单的文字阅读已经不能满足大众对知识的渴求，必须使用自然语言理解、大数据挖掘等人工智能技术丰富知识内容展现方式，提供精准内容，满足人们的个性化需求。本章主要介绍电力科技知识服务平台实现知识融合、语义搜索、知识图谱以及数据可视化方面采用的关键技术，具体包括多源异构数据的整合、语义网的精准搜索以及知识图谱的构建与展示等。

第一节 多源异构数据整合

一、技术背景及发展现状

（一）技术背景

异构数据是指涉及同一类型但在处理方法上存在各种差异的数据。在内容上，不仅可以指不同数据库系统之间的数据是异构的（如Oracle和SQL Server数据库中的数据），而且可以指不同结构数据之间的异构（如结构化的SQL Server数据库数据和半结构化的XML数据）。数据的异构性主要体现在系统异构、数据库管理系统异构和逻辑异构三个方面。

1. 系统异构

系统异构是指硬件平台、操作系统、并发控制、访问方式和通信能力等方面的不同。

（1）计算机体系结构的异构。即数据可以分别存在于大型机、小型机、工作站、PC或嵌入式系统中。

（2）基础集成操作系统的异构。即数据的基础操作系统可以为UNIX、Windows 2000、WindowsNT、Linux等。

（3）开发语言的不同。如C/C++、Java、Delphi等。

（4）网络平台的不同。如Ethernet、FDDI、ATM、TCP/IP、IPX、SPX等。

2. 数据库管理系统异构

数据库管理系统可以采用关系数据库系统Oracle、SQL Server等作为数据模型，也可以采用不同数据类型的数据库，如关系、模式、层次、网络、面向对象或函数型数据库等。

3. 逻辑异构

逻辑异构包括命名异构、值异构、语义异构和模式异构等。例如，语义的异构具体表现在相同的数据形式表示不同的语义，或者同一语义由不同形式的数据表示。

（二）发展现状

异构数据的发展分为三个阶段，如图4-1所示。最初通过简单的数据迁移和转换，将不同结构的数据集中在一起。随后由于访问不同数据库的需要，衍生出中间件技术，通过借助充当中介环节的软件，实现让用户透明访问。而后发展出的多数据库系统则去掉中间统一管理环节，实现异构数据库的高度自治。

1. 数据的迁移和转换

利用数据转换程序，对数据格式进行转换，从而能被其他的系统接收。这种方法处理简单，已为大多数用户理解和接受。许多数据库管理系统都自带一些数据转换程序，为用户提供了方便。但这种方式在数据更新时会带来不同步的问题，即使人工定时运行转换程序也只能达到短期同步，这对于数据更新频繁而实时性要求很高的场合不太适用。

图4-1 异构数据库发展脉络

2. 中间件

中间件是位于客户端（client）与服务器（server）之间的中间接口软件，是异构系统集成所需的黏合剂。现有的数据库中间件允许客户端在异构数据库上调用SQL服务，解决异构数据库的互操作性问题。功能完善的数据库中间件，可以对用户屏蔽数据的分布地点、数据库管理系统平台、SQL方言/扩展、特殊的本地API等差异。使用中间件的异种数据库集成有以下几种方法。

（1）通用SQLAPI。指在客户端的所有应用程序都采用通用的SQLAPI访问数据库，而由不同的DBMS服务器提供不同的数据库驱动程序，解决连接问题。通用的SQLAPI又可分为嵌入式SQL（Embedded SQL，ESQL）和调用级SQL（Call Layer Interface，CLI）。ESQL是将SQL嵌入到C、Pascal等程序设计语言中，通过预编译程序进行处理，SQL的所有功能及其非过程性的特点得到继承。CLI则采用一个可调用的SQL API作为数据存取接口，它不需要预编译过程，允许在运行时产生并执行SQL语句。由于CLI更为灵活，目前应用较广，如Microsoft的ODBC、Borland的IDAPI、Sybase的Open Client/Open Server等。

（2）通用网关。网关（gateway）是当前流行的中间件方案。在客户端有一个公共的客户机驱动程序（gateway driver）；在服务器端有一个网关接受程序，它捕获进来的格式和规程（Format and Protocol，FAP）信息，然后进行转换，送至本地的SQL接口。

（3）基于组件技术的一致数据访问接口。例如，Microsoft推出的UDA（Universal Data Access）技术，分别提供了底层的系统级编程接口和高层的应用级编程接口。前者定义了一组COM（组件对象模型）接口，建立了抽象数据源的概念，封装了对关系型及非关系型各种数据源的访问操作，为数据的使用方和提供方建立了标准。后者是建立在前者基础上的，它提供了一组可编程的自动化对象，更适合于各种客户机/服务器应用系统，尤其适用于在一些脚本语言中访问各种数据源。

3. 多数据库系统

多数据库系统就是一种能够接受和容纳多个异构数据库的系统，对外呈现出一种集成结构，而对内又允许各个异构数据库的"自治性"。

多数据库系统不存在一个统一的数据库管理系统软件，采用自下而上的数据集成方法，主要解决各种数据库集成问题，可以保护原有的数据资源，使各局部数据库享有高度"自治性"。多数据库系统一般分为两类：

（1）有全局统一模式的多数据库系统。多个异构数据库集成时有一个全局统一的概念模式，它通过映射各异构的局部数据库的概念模式而得到。

（2）联合式数据库系统。各个异构的局部数据库之间仅存在着松散的联合式耦合关系，没有全局统一模式，各局部库通过定义输入、输出模式进行彼此之间的数据访问。

三种异构方式优缺点对比如表4-1所示。中间件模式是目前比较流行的数据集成方法，它通过在中间层提供一个统一的数据逻辑视图来隐藏底层的数据细节，使得用户可以把集成数据源看作一个统一整体。

表4-1　　　　　　　三种异构方式优缺点对比

模式 ＼ 介绍	优点	缺点
数据的迁移和转换	处理简单	数据同步更新效果差
中间件	起到中介作用，应用灵活	更新及时，访问透明
多数据库系统	可集成异构数据库	连接复杂，访问方式受限

二、电力领域异构知识资源的特点

1. 数据来源分散

针对电力科技知识服务平台收集的资源，存在着采用分散管理的问题，我国在特高压输电、智能电网研究、大电网自动控制、新能源利用等领域取得了众多研究成果和实践经验，技术成果和科技论文层出不穷，但缺乏统一管理，没有形成自有知识产权的电力科技信息资源数据库且缺乏国外数据库资源。

2. 数据数量庞大

由于电力科技知识资源来源分散，种类庞多，导致数据资源总量非常庞大。据统计，目前仅国家电网公司的科技知识资源总量就已达到PB级。

3. 数据质量不一

由于知识资源来源多样，查询检索手段繁复，若建立单一形式的数据库难以完全存储知识数据。

基于上述实际，为充分整合、利用世界范围内的电力专业核心文献资源，运用大数据、语义网、知识图谱等技术对资源进行知识加工、组织和管理，电力科技知识服务平台研发建成具有自主知识产权电力科技知识体系，解决行业内科技知识资源分散、缺乏统一规范标准等问题，全面提升知识资源管理效率、经营效益和服务水平。

三、电力异构知识资源的数据整合方法

（一）电力异构知识资源标准化

电力异构知识资源的标准化工作，主要包括构建电力知识资源的数据架构和电力数据资源的标准化。

电力知识资源数据架构主要表现为电力知识的来源和分类，见第二章第一节。电力数据资源标准化工作主要是通过对资源进行结构化标注来实现，各类元数据结构化标注见第二章第二节。

（二）XML中间件的异构数据集成

为了能够更好地进行数据集成，给用户提供一个访问异构数据源的统一接口，用户只需要在应用层提交需求，不必考虑数据模型的异

构性、数据抽取、数据合成等问题，采用了基于XML中间件的异构数据集成模式。

在异构数据库集成中间件设计中，中间件系统处于应用层和数据库系统之间，其目的是集成各个异构数据源的信息，屏蔽它们之间的异构性，实现应用层对数据源的透明化访问。

中间件主要由中介器和包装器两部分组成。其中每个数据源对应一个包装器，包装器负责与异构数据库进行交互，包装异构数据源，对应用层查询格式和数据源查询结果格式进行格式间的转换。中介器主要由分配器和集成器组成：分配器是通过接受用户的查询请求，根据映射字典分配数据子查询；集成器通过提取包装器中的数据查询结果，按照用户所需格式将查询结果返回给用户。

中间件系统体系结构如图4-2所示。

基于中间件系统的查询流程如图4-3所示。

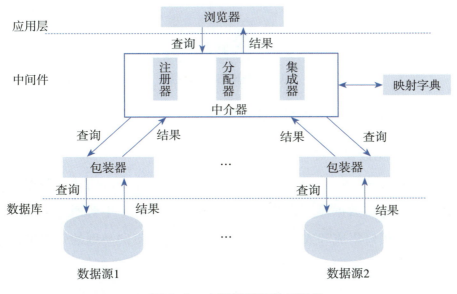

图4-2　中间件系统体系结构

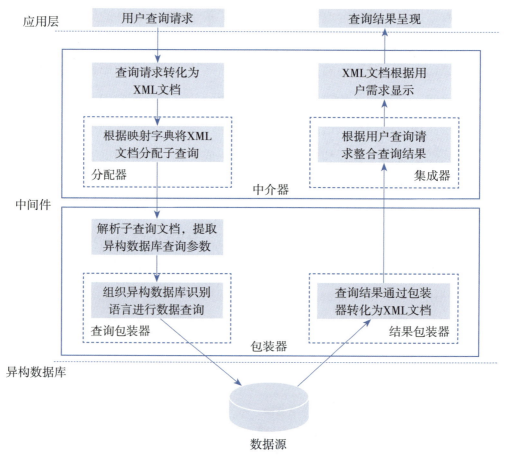

应用层

中间件

异构数据库

图4-3　XML中间件的查询流程

（三）电力异构数据采集和存储机制

1．异构数据采集

一般资源采集可以通过网络爬取、专用接口、人工导入、数据库接口和实时流数据等方式获取。电力科技知识服务平台通过采取网络爬虫、接口集成和人工上传的方式来分别对不同类型的资源进行采集。

（1）网络爬虫。网络爬虫是自动抓取互联网中信息的程序。互联网中存在各种各样的网页，每一个网页都有其对应的URL（uniform resource locator，统一资源定位符）。它可以从一个或者一些URL出发，访问与其关联的所有URL，并且可以从每个URL对应的页面中提取需要的有价值的数据。

网络爬虫的架构如图4-4所示，网络爬虫一般包括爬虫调度端、URL管理器、网页下载器和网页解析器等部分。其中，爬虫调度端的作用是启动爬虫、停止爬虫和监控爬虫的运行情况；URL管理器的作用是对将要爬取的URL和已经爬取的URL进行管理；从URL管理器中取出一个待爬取的URL传送给网页下载器，下载器会将URL对应的网页下载和存储；网页解析器的作用是从下载的网页中解析出有价值的数据和新的URL。综上所述，URL管理器、网页下载器、网页解析器这三个部分形成了一个循环，当满足设置的条件时，网络爬虫停止工作。

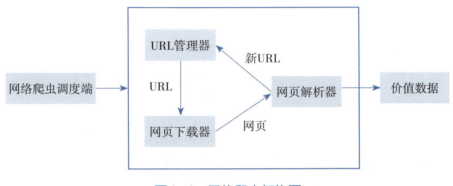

图4-4　网络爬虫架构图

（2）人工上传。人工上传资源主要是对自有数据进行上传。为了保密性处理，对于这些独有的图书资源，通过运营人员来进行人工上传。

对于图书等文件，主要是通过加工公司将文件加工成XSD文件，通过这种方式将资源结构化，能够按照设立的规则将资源更好地存入各自的数据库中。对于音视频等文件，通过音视频内容提取相应的字段，建立XML文件，使得各种文件在上传的时候能够通过识别XML文件来区分入库。

2. 电力数据分类与存储机制

数据分类主要是由实际业务需要的文字、图片、音频、视频、文件等数据类型决定的。数据库大体上可以分为四类：核心业务数据库、知识图谱数据库、非结构数据和配置数据。其中核心业务数据库采用的是Oracle 11g，知识图谱数据库采用的是MongoDB 3.4，非结构化数据采用国网大数据平台，配置数据是采用国网SG-RDB关系数据库（基于MySQL版本）。

由于平台数据部分存储在信息内网，包括关系数据库Oracle、日志数据库MongoDB、分布式数据库HBase、分布式文件系统HDFS和文件服务器，部分存储在信息外网包括Web服务器Nginx、流媒体服务器、负载均衡、应用服务器Weblogic、搜索引擎服务器、资源库和资源服务器。因此数据存储采用分布式数据库同步技术。

分布式数据库是计算机网络中不同的结点上数据库的逻辑集合。分布式数据库具有分布性和一致性的特点。分布性是指数据库处于不同的计算机网络结点。一致性是指尽管数据库存储是分离的，但是它们的逻辑是一致的。

在分布式环境下存在两种不同的同步策略，完全同步法和差异同步法。前者方案中源数据库的所有数据全部传输到目的数据库，由目的数据库根据传输的数据和同步逻辑进行数据更新。此种方法逻辑简单，但是如果数据库的数据量较大，会带来巨大的网络传输量。相比之下，后者就可以解决这个问题，增量同步法仅仅将变化的数据由源数据库端传输到目的数据库，从而大大节约了数据传输量，增强了同步效率。因此，平台采用差异同步法的分布式存储机制以确保数据的一致性。

第二节 语义网的精准语义搜索

一、技术背景及发展现状

（一）技术背景

电力企业是典型的信息密集型、知识密集型企业，随着电力技术及智能电网的发展，电力企业的信息化水平也飞快提高。各类信息与日俱增，知识领域不断扩大、知识量不断增加，数据资源积累也越来越多。这些知识通常具有多样性、关联性、协同性和隐晦性等特点，大量的真正有价值的知识是隐藏在这些数据和信息背后的，需要通过一定的知识发现手段来发现。这对公司的知识管理水平提出了更高的要求，对知识体系运营工作提出了新的挑战。因此，在进行决策分析时往往需要通过一定的知识表示方法来定义统一的知识概念体系，才有利于知识的发现和共享。

利用语义网技术对电力领域知识进行分析和探索，可显著提高用户在海量数据中找到目标资源的效率及准确率，并且通过海量权威的数据来源和专家参与加工的过程，可塑造更真实、可用、全面的知识服务体系进而实现知识资源的持续积累，给用户带来价值，给公司带来利润和发展。

（二）发展现状

语义网从诞生之日起，便成为计算机科学的热点研究领域。W3C组织是语义网主要的推动者和标准制定者。2001年7月30日，美国斯坦福大学召开了题为"语义网基础设施和应用"的学术会议，这是有关语义网的第一个国际会议。2002年7月9日，在意大利召开了第一届国际语义网大会。此后语义网大会每年举行一次，形成惯例。同时，

HP、IBM、微软、富士通等大公司，美国斯坦福大学、美国马里兰大学、德国卡尔斯鲁厄大学、英国曼彻斯特维多利亚大学等教育机构都对语义网技术展开了广泛深入的研究，开发了Jena、Kaon、Racer、Pellet等一系列语义网技术开发应用平台。

我国也非常重视语义网的研究，早在2002年语义网技术就被"国家863计划"列为重点支持项目。清华大学、东南大学、上海交通大学、北京航空航天大学和中国人民大学都是国内语义网及其相关技术的研究中心。东南大学的语义网本体映射研究有一定的国际影响，清华大学的语义网辅助本体挖掘系统SWARMS、上海交通大学的本体工程开发平台ORIENT都代表了国内语义网的较高研发水平。

总的来说，目前国内外对语义网的研究主要集中于对本体（ontology）的讨论上，包括本体的构建、本体语言以及基于本体的各种理论探讨与试验应用，可以说语义网从理论完善到实际普遍应用还有较长的路要走。

二、语义网关键技术

（一）语义网

1. 语义网概念

语义（semantic）是数据对应于现实世界中事物代表的概念的含义，以及这些含义之间的关系，是数据在某个领域上的解释和逻辑表示。简单地说，数据就是符号，数据本身没有任何意义，只有被赋予含义的数据才能够被使用，这时候数据就转化为了信息，而数据的含义就是语义。

语义具有领域性特征，不属于任何领域的语义是不存在的。而语义异构则是指对同一事物在解释上存在差异，也就体现为同一事物在不同领域中理解的不同。对于计算机科学来说，语义一般是指用户对于那些用来描述现实世界的计算机表示（即符号）的解释，也就是用户用来联系计算机表示和现实世界的途径。

语义网（semantic web）的概念于1998年由万维网联盟（world wide web consortium，W3C组织）的蒂姆·伯纳斯–李（Tim Berners–Lee）提出，其核心含义是：通过向万维网上的文档（如HTML）添加能够被计算机理解的语义，从而使整个互联网成为一个通用的信息交换媒介，形成新一代互联网络。语义网统一了词语和概念，通过概念之间的关系来描述概念的语义，而基于语义网的信息检索系统的构建，能轻松地让计算机理解并处理用户的需求，对信息进行自动搜索、过滤、分析、综合等处理，从庞杂的知识信息库中找到匹配的知识结果，满足用户的个性化知识需求。

2. 语义网体系结构

蒂姆·伯纳斯–李提出了基于语义的体系结构，其各层内容及描述如表4–2所示。

表4–2　　　解析蒂姆·伯纳斯–李的语义网结构

	层数	名称	描述
低 ⇅ 高	第1层	Unicode和URI	整个语义Web的基础；Unicode（统一编码）处理资源的编码。URI（统一资源定位器）负责标识资源
	第2层	XML+NS+XML Schema	用于表示数据的内容和结构
	第3层	RDF+RDF Schema	用于描述Web上的资源及其类型
	第4层	Ontology vocabulary	描述各类资源及资源之间的关系
	第5层	Logic	在下面4层的基础上进行逻辑推理操作
	第6层	Proof	根据逻辑陈述进行验证以得出结论
	第7层	Trust	在用户间建立信任关系

3. 语义网核心内容

（1）本体。过去的十几年中，在信息系统中已经出现了本体的很多定义，术语"本体"大多分成两种意思。第一，本体是表示性词汇，经常指定到某些领域或主题。简单来讲，不是把词汇当成本体，而是获取词汇中术语的概念化。需要特别强调的是，概念化是语言无关的，而本体是语言相关的，应该符合特定的形式语言。第二，本体有时指的是使用表示性词汇来描述某些领域的知识体，特别是描述领域的共识知识。换句话说，表示性词汇提供描述某些领域的事实的一套术语，而使用词汇的知识体是领域的事实集合。

（2）可扩展标记语言（extensible markup language，XML）。XML是一种标准通用标记语言（standard generalized markup language，SGML）应用，是标准通用标记语言的子集，同时是一种用于标记电子文件使其具有结构性的标记语言。早在1998年，W3C就发布了XML1.0规范，使用它来简化Internet的文档信息传输。

可扩展标记语言是一种元标记语言，即定义了用于定义其他特定领域有关语义的、结构化的标记语言，这些标记语言将文档分成许多部件并对这些部件加以标识。XML文档定义方式有文档类型定义（DTD）和XML Schema。DTD定义了文档的整体结构以及文档的语法，应用广泛并有丰富的工具支持。XML Schema用于定义管理信息等更强大、更丰富的特征。

（3）资源描述框架（RDF）。资源描述框架（resource description framework，RDF），是万维网联盟（W3C）提出的一组标记语言的技术规范，以便更丰富地描述和表达网络资源的内容与结构。W3C对于RDF有如下定义：

1）RDF是一个用于描述 Web 上的资源的框架。

2）RDF提供了针对数据的模型及语法，这样独立的团体就可以交换和使用它。

3）RDF被设计为可被计算机阅读和理解。

4）RDF被设计的目的不是为了向人们显示出来。

5）RDF使用 XML 编写。

6）RDF是 W3C 语义网络活动的组成部分。

7）RDF是一个 W3C 推荐标准。

（二）语义搜索技术研究

1. 语义搜索

语义搜索，是指搜索引擎的工作不再拘泥于用户所输入请求语句的字面本身，而是透过现象看本质，准确地捕捉到用户输入语句后面的真正意图，并以此来进行搜索，从而更准确地向用户返回最符合其需求的搜索结果。

语义搜索的实质是自然语言处理技术，一般可以分为三类：

（1）增强型语义搜索。这一类型的语义搜索利用语义技术来改善传统搜索的效果，其核心仍然是传统的搜索引擎，本体技术以多种途径被用来增强关键字搜索、改善搜索的查全率和查准率。

（2）基于本体推理的知识型语义搜索。这一类型的语义搜索以本体构建的知识库为主体，通过本体知识库推理实现知识发现型的语义搜索。根据搜索对象的不同，我们可将其分为概念搜索和关联搜索。概念搜索包括了简单概念搜索和复杂约束概念搜索。

（3）关联搜索。在语义Web中搜索资源间的复杂关系，并对之进行排序。

2. 语义搜索引擎

语义搜索引擎（semantic search engine，SSE）是基于语义网技术的搜索引擎，它不同于具有语义分析能力的搜索引擎（semantically enabled search engine），语义搜索引擎是语义技术最直接的应用，它从词语所表达的语义层次上来认识和处理用户的检索请求，通过对网络中的资源对象进行语义上的标注，以及对用户的查询表达进行语义处理，使得自然语言具备语义上的逻辑关系，能够在网络环境下进行广泛有效的语义推理，从而更加准确、全面地实现用户的检索。

目前国内外市场上的语义搜索引擎大致可以分为：

（1）通用语义搜索引擎。通用搜索引擎一般分为两类。第一类通过爬虫、搜索引擎、语义网等技术实现网页、图片、文字、声音、博客等一系列Web内容的搜索与整合；第二类是对其他语义搜索引擎的整合，绝大多数语义搜索引擎都会集成一些外部内容，例如维基词条等。

（2）垂直语义搜索引擎。与通用语义搜索引擎不同，垂直语义搜索引擎一般面向一个特定的领域，也被称为专业搜索引擎，这类引擎专门针对某一特定领域，在语义关联和专业词汇的处理上更加准确。

语义搜索关键技术从目前的语义搜索引擎设计特征来看，语义搜索关键技术一般包括查询监测、语义排序、本体构建等主要步骤。

第三节　知识图谱构建与展示

一、技术背景及发展现状

（一）研究背景

2012年，谷歌在其产品线中推出了知识图谱（knowledge graph），以此构建了智能搜索引擎，在传统的基于关键字搜索的基础上，提供了语义理解，带来了全新的搜索体检。除智能搜索外，知识图谱还可用于自动问答、情报分析和个性化推荐等多个领域，受到了工业界和学术界的广泛关注。虽然知识图谱与早期流行的语义网络和语义网具有密切的联系。1956年，RICHENS为解决机器翻译问题，提出了"语义网络"的概念，目的是将语义网络作为各种自然语言之间的中间语言，在各种不同的语言间进行转换。语义网络利用"图"这一数据结构来存储知识，图中的结点表示实体或者概念，而"边"表示结点之间存在的语义联系。

（二）研究现状

近年来，随着知识图谱技术的兴起，以及基于知识图谱的各类人工智能应用如智能问答、智能推荐、知识可视化等应用的落地与实现，国内外各大科研机构与企业也不断加入知识图谱技术的研究与应用行列，在国内外都取得了重要的成就。从2006年开始，大规模维基百科类富结构知识资源的出现和网络规模信息提取方法的进步，使得大规模知识获取方法取得了巨大进展。与Cyc、WordNet和HowNet等手工研制的知识库和本体的开创性项目不同，这一时期知识获取是自动化的，并且在网络规模下运行。当前自动构建的知识库已成为语义搜索、大数据分析、智能推荐和数据集成的强大资产，在大型行业和领域中正在得到广泛使用。典型的例子是谷歌收购Freebase后在2012年推出的知识图谱，Facebook的图谱搜索，Microsoft Satori以及商业、金融、生命科学等领域特定的知识库。

国家大力支持知识图谱的发展，2017年国务院印发《新一代人工智能发展规划的通知》（国发〔2017〕35号），把"知识图谱构建与学习"列入新一代人工智能关键共性技术体系。业界普遍认为知识图谱是人工智能的背后驱动力，知识图谱是为人工智能"塑造大脑"。

现在知识图谱的发展和应用状况，除了通用的大规模知识图谱，各行业也在建立行业和领域的知识图谱，当前知识图谱的应用包括语义搜索、问答系统与聊天、大数据语义分析以及智能知识服务等，在智能客服、商业智能等真实场景体现出广泛的应用价值，而更多知识图谱的创新应用还有待开发。

二、领域知识图谱的展示与交互

（一）知识表示技术理论

构建知识图谱的主要目的是获取大量的、计算机可读的知识。知识大量存在于非结构化的文本数据、半结构化的表格和网页以及生产系统的结构化数据中。整个技术图主要分为三个部分。一是知识获取，主要阐述如何从非结构化、半结构化及结构化数据中获取知识。二是数据融合，主要阐述如何将不同数据源获取的知识进行融合构建数据之间的关联。三是知识计算及应用，关注的是基于知识图谱计算功能以及基于知识图谱的应用。

1. 实体关系识别技术

实体关系识别目的是通过填充关系模板槽的方式抽取文本中特定的关系。从关系任务定义上，分为限定领域和开放领域；从方法上看，实体关系识别了从流水线识别方法逐渐过渡到端到端的识别方法。

2. 知识融合技术

知识融合指的是将多个数据源抽取的知识进行融合。知识融合可能使用多个知识抽取工具为每个数据项从每个数据源中抽取相应的值，而数据融合未考虑多个抽取工具，不同抽取工具通过实体链接和本体匹配可能产生不同的结果。

3. 实体链接技术

歧义性和多样性是自然语言的固有属性，也是实体链接的根本难点。如何挖掘更多、更加有效的消歧证据，设计更高性能的消歧算法依然是实体链接系统的核心研究问题。

4. 知识推理技术

知识库推理可以粗略地分为基于符号的推理和基于统计的推理。在人工智能的研究中，基于符号的推理一般是基于经典逻辑或者经典逻辑的变异。基于统计的方法一般指关系机器学习方法，通过统计规律从知识图谱中学习到新的实体间关系。

（二）知识图谱的构建方法

知识图谱的构建主要有自顶向下和自底向上两种方法。自顶向下的方法首先从最顶层的概念开始，然后逐步进行细化，形成结构良好的分类学层次结构，再把实体一个个往概念中添加。自底向上的方法则刚好相反，首先从实体开始，对实体进行归纳组织，形成底层的概念，然后逐步往上抽象，形成上层的概念。在实际的构建过程中，通常采用两种方式结合的方法。

1. 自底向上的构建方法

通用知识图谱的构建采用自底向上的方法，主要依赖开放链接数据集和百科，从这些结构化的知识中进行自动学习，主要分为实体与概念的学习、上下位关系的学习、数据模式的学习。开放数据链接和百科中拥有丰富的实体和概念信息且通常以一定的结构组织生成，从这类数据源中抽取概念和实体较为容易。对于概念的学习，提出了一种基于语言学和基于统计学的多策略概念抽取方法，提高了领域内概念抽取的效果。

2. 自顶向下的构建方法

领域知识图谱通常采用自顶向下的方法进行构建，针对特定的行业，由该行业专家定义数据模式，进行知识建模。为保证可靠性，数据模式的构建基本都经过了人工校验，因此知识融合的关键任务是数据层的融合。在进行知识融合时，通常在知识抽取环节中就对数据进行控制，以减少融合过程中的难度及保证数据的质量。

（三）知识展示与交互研究

1. 基于知识图谱的搜索技术

语义搜索是基于知识图谱构建起来的搜索服务，图谱搜索能够支持更自然、复杂的查询输入，并针对查询直接给出答案。图谱搜索与基于知识库的自动问答系统有很多相似之处：输入的都是自然语言，数据都以结构化的形式管理和存储；需要对输入查询进行语义解析，将其转化为机器能够理解的结构化语言；从结构化的数据库中检索结果。

2. 基于知识图谱的问答技术

基于知识图谱的问答是指给定自然语言问题，通过对问题进行语义理解和解析，进而利用知识库进行查询、推理得出答案。基于知识图谱的问答实现技术可分为传统方法和深度学习方法两类，其中传统方法又可分为三类，分别是基于语义解析的方法、基于信息抽取的方法以及基于向量建模的方法。

三、知识图谱可视化分析工具与实践

大部分知识以离散的形式存在于现实或者介质中，知识之间具有相互关联性。图谱可视化是将大量的数据、信息和知识转化为一种图结构的视觉表达形式，直观、形象地表现、解释、分析、模拟、发现或揭示隐藏在数据内部的特征和规律，提高人类对事物的观察、记忆和理解能力及整体概念的形成。知识图谱的可视化技术依赖于知识图谱的构建、知识的表示等众多因素，在实际应用中，知识图谱可视化通过图探索、图统计、图遍历等技术提供用户与图谱的新的交互方式。

1. 基于知识图谱的可视化分析技术理论研究

图谱可视化理论包括数据形态分析、图谱布局分析、图谱视觉表达和图谱交互等。其中数据形态分析包含关系、社区数据、空间网络数据以及时变数据；图谱布局分析包含节点-链接布局、力导向布局、混合布局等；图谱视觉表达包括节点表达、边表达；图谱交互包括缩放、选择和过滤等。

（1）数据形态。图最基本的用法之一就是表达关系，这些关系连接实体，共同构成已定义的世界或者系统。图的主题和对象都由节点来表示，关系由连接表达。社区数据是企业数据中宏观关系和动态的基础，可以通过图可视化将社区中距离比较近的相关成员聚类成聚族，与其他成员分开。以时间轴排列的时间序列数据，每个数据实例都可以看作某个事件，事件的时间可当成一个变量，不以时间为变量，但具有内在的排列顺序。

（2）图谱布局分析。力导向布局是模拟物理世界中的力，把相连的节点拉到一起，并可能把不相连的节点推开。力导向布局表现直观，几乎可以处理任何类型的图，并且可应用于大图。典型的力导向布局可以清晰地显示簇和邻接性，但是图中没有时间的概念，彼此靠近的两个节点可能发生在完全不同的时间，基于时间的排序可以方便查看序列。通过在视觉上比较弦的两端的大小，可以直观看出每个方向上的总流量。

（3）图谱视觉表达。节点大小、节点颜色、边颜色、边属性等均可以作为图谱的视觉表达。对于表示量值的数据，大小是一个有用的视觉特性。图统计数据中的计数非常适合用大小来表示。在表示数据时，颜色是一种强大的视觉指示器。颜色具有不同的特性。使用颜色语义可以让查看者更快地理解表示的内容，可以清晰地表达出图谱知识间的关系与相关性。

（4）图谱交互。通过缩放和左右移动，从显示所有上下文的概览深入到某个局部区域。旋转、比例缩放和平移等能力为不同的目的提供了类似的效果。当选择或者悬停或者点击鼠标可识别特定的节点、确认视觉特性或者检查详细的数据，图谱可以提供详细信息的交互。除此之外，还可以设置条件来移除不符合条件的项目，基于图的统计属性和其他数据属性来探索图。

2. 图谱可视化分析现有工具

（1）Protégé。Protégé主要用于语义网中本体的构建，是语义网中本体构建的核心开发工具，可用于编制本体和知识库。Protégé可以根据使用者的需要进行定制，通过定制用户的界面以更好地适应新语言的使用。用户使用Protégé不需要掌握具体的本体表示语言，是比较容易学习、使用的本体开发工具。

（2）WebProtégé。WebProtégé完全支持最新的OWL2Web本体语言。高度可配置的用户界面为新手和专家提供了完美的开发环境。用户可以根据需求定制用户界面、支持本体数据可视化、支持本体重构、直接的推理器接口、插件式架构和优良的跨平台特性。WebProtégé为新用户提供了友好的支持，可以实现在线编辑。

（3）Gephi。Gephi是跨平台的基于JVM的复杂网络分析软件，主要用于各种网络和复杂系统，动态和分层图的交互可视化与探测开源工具。其主要特性有：支持十万节点和百万边实时快速渲染，支持图上的过滤筛选，支持丰富的布局算法社区检测，最短路径、支持动态图、支持多种图文件格式导入导出。例如，电网数据存在大量链接性数据，可以采用该方案进行实现。

（4）D3.js。D3.js是最流行的可视化库之一，它被很多其他的表格插件所使用。帮助用户以HTML或SVG的形式快速可视化展示，进行交互处理，合并平稳过渡，在Web页面演示动画。其主要特性有：数据能够与DOM绑定、数据转化和绘制对立、代码简洁、大量布局、基于SVG（矢量图形），缩放不会损失精度。D3.js允许将任意的数据绑定到文档对象模型，然后运用数据驱动转换到文档上。

（5）Neo4j。Neo4j是一款突破性的图数据可视化产品，一个无需代码的、基于关键词搜索的图数据可视化工具。它连接到Neo4j图数据库平台，实现对存储在Neo4j图数据库中的数据集的导航和编辑。用户可以使用Neo4j在可见区域上通过平移和缩放、以动画的形式展示图数据、选择一个节点并查看其属性、关系和相邻节点、编辑节点，选择一个模板并查看该模板的元数据透视图、类自然语言的搜索短语输入。

3. 电力知识图谱可视化技术方案

现有的可视化工具应用方向各有侧重，大部分可视化工具都并不是专门针对知识图谱而设计。因此需要根据知识图谱特性进行个性化定制与组合集成。结合以上可视化工具调研分析，根据现有可视化工具的优缺点，选用D3.js与ZoomChart作为图谱可视化分析工具。部分可视化界面如图4-5所示。

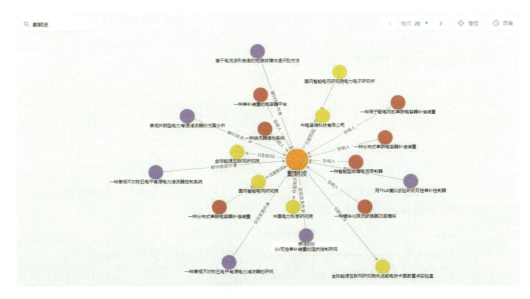

图4-5　电力领域人物与论文可视化界面

本章小结

本章首先介绍了多源异构数据整合技术，包括技术背景及发展现状、电力领域异构知识资源的特点以及针对电力异构知识资源的数据整合方法，从而为语义网的构建奠定基础。其次介绍语义网的关键技术、语义搜索技术及其在电力行业应用，利用语义网搜索技术对电力数据资源中知识进行分析和探索，确定了具有语义网技术特征的电力行业搜索技术。最后介绍了知识图谱的构建与数据可视化展示。根据构建电力科技知识图谱和基于图谱的交互技术，结合知识融合和知识推理技术，可实现电力知识交流与共享。

参考文献

[1] 魏文杰，刘利民，格日勒图．基于XML的异构数据库数据交换技术的研究[J]．内蒙古工业大学学报，2008，27（2）：121–125.

[2] 王志波，裘国永．基于XML的异构数据库中间件研究[J]．郑州轻工业学院学报：自然科学版，2008，23（3）：121–124.

[3] 孙立伟，何国辉，吴礼发．网络爬虫技术的研究[J]．电脑知识与技术，2010，06（15）：4112–4115.

[4] 刘洁清．网站聚焦爬虫研究[D]．江西财经大学，2006.

[5] 曾伟辉，李淼．深层网络爬虫研究综述[J]．计算机系统应用，2008，17（5）：122–126.

[6] 彭高辉，王志良．数据挖掘中的数据预处理方法[J]．华北水利水电大学学报（自然科学版），2008，29（6）：63–65.

[7] 陈文伟，黄金才．数据仓库与数据挖掘[M]．人民邮电出版社，2004.

[8] 陈永政．异构数据库间的数据交互[J]．科学咨询，2011（3）：85–86.

[9] 中国中文信息学会．2018知识图谱发展报告[R].

[10] 《新一代人工智能发展规划的通知》国发〔2017〕35号
http://www.gov.cn/zhengce/content/ 2017–07/20/content_5211996.htm[EB/OL].

[11] 知识图谱标准化白皮书（2019版）
https://download.csdn.net/download/linkwander/11727197？utm_source=bbsseo[EB/OL].

[12] 项威．事件知识图谱构建技术与应用综述[J]．计算机与现代化，2020（1）：10–16.

[13] 周晶，刘坤，张宾，孙喜民，于晓坤．知识图谱在领域知识多维分析中的应用途径探讨[J]．中国新通信，2019，21（18）：116.

[14] 2017年全国知识图谱与语义计算大会（CCKS）．http://www.ccks2017.com/?page_id=51[EB/OL].

[15] 王宁，李杰．大数据环境下用于实体解析的两层相关性聚类方法．计算机研究与发展[J]．51.9（2014）：2108–2116.

[16] 蔡平，王志强，傅向华．基于语义的跨媒体信息检索技术研究．微电子学与计算机[J]．27.3（2010）：102–105.

[17] 官思发．基于科学知识图谱的知识共享研究进展分析[D]．华中师范大学，2012.

[18] 汤建民，余丰民．国内知识图谱研究综述与评估：2004–2010年[J]．情报资料工作，2012（1）：16–21.

电力科技知识服务平台运营

好的运营能使产品的价值最大化，帮助更好的拓展和维系用户，从而实现更好的收益转化。本章将从运营的概念及内涵、运营细分和推广策略以及运营的成效三个方面，深入讲述什么是运营，运营怎么做，以及怎样评价运营成效。

第一节　运营的概念及内涵

互联网时代，产品价值构成发生了改变，除了产品设计驱动的功能和体验之外，用户参与也构成了互联网产品核心价值的重要组成部分，即

传统产品价值=功能+体验

互联网产品价值=功能+体验+用户参与价值

其中，用户参与价值又包含用户流量价值、用户生态价值和用户反馈价值。

在互联网行业发展初期，行业普遍认同"产品为王"，因为没有竞争对手，好的产品可以独霸天下。在行业快速发展过程中，很多人认可"渠道为王"的理念，因为这个时期已经具备一定的数量同类产品，那么谁占领了渠道，谁就赢得用户。但是，在充分竞争的产品领域，运营是决胜的关键因素，好的运营能使产品的价值最大化，更好的拓展和维系用户，从而实现更好的收益转化。如今，互联网产品同质化竞争愈演愈烈，功能和体验不相上下，于是，决定一个产品是否能够在竞争中胜出，越来越依靠运营，一个运营驱动的时代已然来临。

本章将从运营的概念及内涵、运营细分和推广策略以及运营的成效三个方面，深入讲述什么是运营，运营怎么做，以及怎样评价运营。

一、运营的概念

关于运营的概念，从不同角度来看有着多重意义。

（1）广义上的运营，就是一切围绕着产品进行的人工干预行为。

（2）产品角度的运营，是协助产品完善长期价值，并使其最大化。

（3）用户角度的运营，是通过产品与用户建立良好的关系，以及

更好的维系这种关系所需要的一切手段。

（4）过程角度的运营，是对运营过程的计划、组织、实施和控制，是与产品生产和服务创造密切相关的各项管理工作的总称。

（5）结果角度的运营，是使产品收获良好的经济效益和社会效益的手段与方法的总和。

（6）宏观角度的运营，是指运营的策略、规划和资源分配。

（7）微观角度的运营，是指通过一系列穿针引线式的行为，让一款产品或一个事物能够良性运转。

由此看来，运营是一个很广的概念，大于营销、策划、文案、编辑、传播、推广、数据分析、用户管理等概念的总和，上述无非是具体的运营手段而已。具体到实际运营工作，选择哪种运营手段，应该取决于业务类型、业务阶段，以及产品和用户之间的关系类型等因素。

所谓运营，其实是一种需要通过较为多样的手段和技能，来更好的实现用户获取和用户付费，以及更好的实现用户维系的一系列活动的总称。前者需要关注信息分发和传播的逻辑变化以及流量获取成本，后者则更加需要结合产品形态来关注随着用户体量呈现不同变化时，该如何更好地与用户进行沟通和互动。同时，这个概念也会随着产品形态、技术发展等外部条件的变化而变化。

运营的目标主要有两个：一是拉新、引流和转化，实现用户付费；二是用户维系。原则是一切行动围绕流量和用户，也可理解为以用户为中心，以需求为导向。

运营按岗位划分，大体分为内容运营、活动运营、用户运营、产品运营四种。有些由于产品的功能和性质不同，运营的岗位职能有所差异，比如社交媒体平台有新媒体运营、电商平台有店铺运营、搜索平台有SEO/SEM运营、游戏平台有渠道运营等，具备一些特殊性，不作展开。关于运营的细分，将在本章第二节展开讲述。

二、平台运营主要流程

（一）产品定位分析

分析产品定位，定义产品的正确潜在用户人群，关系到产品运营的成功与否，是为平台运营找准方向的第一步。在定位目标用户后，对用户的共同需求点进行分析，并将需求点纳入接下来的运营计划和流程。

1. 电力科技知识资源管理现状

近年来，在国家创新驱动发展战略的指引下，能源、电力领域取得了一批世界级的创新成果，多项关键技术研究成果实现了"中国创造"和"中国引领"。面对科研人员不断扩大的研究领域和日益深入的研究内容，电力科技知识资源难以满足科研人员的现实需求，具体存在以下几个方面的问题：

一是核心自有知识产权成果缺乏统一管理。例如，国家电网公司在特高压输电、智能电网研究、大电网自动控制、新能源利用等领域取得了众多研究成果和实践经验，技术成果和科技论文层出不穷，但这些科研成果缺乏统一管理，没有形成自有知识产权数据库。

二是资源采购分散，并且缺乏有效的共享机制。通过前期调研得知，有些单位采购知识资源数据库不系统，不能很好地支持科研和查新工作；有些单位提出外文资源比较缺乏，应加强外文数据库建设；各单位自建的数据库信息系统功能不够完善，资源更新不及时，并且查询检索手段繁复，单位之间又存在信息不通，数据不能共享等问题。

三是目前的资源对科技创新支撑不足。各单位对高效获取、分析、利用科技前沿信息，提高科研管理工作效率，有广泛需求，希望通过搭建一个数据分析平台，满足科研人员在特定领域/专业研究分析上的功能需求。

2. 平台建设目标

基于上述调研情况，电力科技知识服务平台建设目标确定为：通过汇聚国内外的海量权威电力科技知识资源，建设科技查新、科技资源分析、辅助决策、知识管理等系统，实现行业知识信息资源采购、管理、经营、服务等协同统一、集约精益发展，全面提升知识资源管理效率、经营效益和服务水平，成为能源电力科技创新的有力支撑。具体来说包括如下目标：

一是提高知识资源使用效率。知识资源对外统一采购，对内集中管理，建立一站式检索平台，实现开放共享、优势互补、交流合作、协同发展，全面提高公司知识资源管理和使用效率。

二是提高数据分析能力。拓宽知识资源领域，研发辅助决策工具，实现科研分析管理、竞争情报追踪等功能，全面提高知识资源对电力科研工作的支撑能力。

三是形成品牌影响力。建设国家电网公司自有知识资源数据库（SGI），并进行国际化运营，着力打造成电力领域权威知识信息检索平台，集中布局公司高端智库成果"走出去"工程，与国际知名数据库提供商建立长效联系机制，拓展资源合作领域，提高公司国际影响力。

3. 平台功能需求分析

平台是实现公司知识信息资源采购、管理、经营、服务等协同统一、集约精益发展的一体化知识服务平台，力争通过平台建设运营全面提升知识资源管理效率、经营效益和服务水平，成为公司科技创新的有力支撑。因此，平台核心的建设内容应包含以下三个方面：

一是建立数据完备、功能先进的科技知识资源数据库。以公司内部科研成果、专利、标准、期刊、图书，及国内外主流科技文献库为数据基础，结合现代信息分析、检索技术，通过数据挖掘，得出有依据、有分析、有对比、有结论的查新报告，满足科研人员的需求。

二是建立数据完备、功能先进的知识服务平台。以覆盖范围更为广泛的电力领域资源库为基础，结合互联网情报监测、竞争情报追踪技术，对科技资源进行多维度、深层次地分析，对内支撑公司系统对科研信息获取、文献查阅、竞争情报追踪等需求，对外服务发电、制造企业。

三是研发科研分析和辅助决策工具。基于国内外知识资源及大数据运作积累，研发大数据辅助决策工具，对已有成果及未来发展进行分析、预测，支撑公司前沿技术和基础研究布局、关键技术突破和重点领域跨越。

4. 平台用户对象分析

在运营过程中，依照用户层次和群体的不同划分用户对象，从而有的放矢地制定出更精准的运营策略。电力科技知识服务平台上线初期，以国家电网公司各级单位机构用户为主要用户对象，主动对接重点实验室、期刊出版社、查新机构等国家电网公司二级机构开展服务。

（1）从用户对象属性划分。平台服务对象包括个人用户和机构用户，其中机构用户包括国家电网公司各级单位、其他电网企业、发电企业、高校科研院所、规划设计单位、设备制造厂等和其他一般机构，平台上线初期以机构用户为主。

（2）从用户推广的先后顺序划分。平台首先在信息化项目试点单位和科技查新机构中推广，按照机构用户的隶属关系，在首先满足国家电网公司各级单位的业务需求的基础上，逐步向国家电网公司外的企业和机构扩展。

（3）从用户服务场景划分。搭建不同服务场景满足不同用户需求，包括科技查新、科技查重、共享实验室、融合出版、辅助决策等。

（二）平台运营流程

1. 一般运营流程

一般的运营流程包括获取用户、促进活跃、提高留存、增加收入、口碑传播五个方面。

（1）获取用户。获取用户是指在各个渠道发布产品相关信息以吸引用户注册，最大程度地将潜在目标用户转化成产品用户的过程。在获取用户阶段，尽可能扩大获取目标用户的渠道范围，常用的运营策略包括利用开放平台、社交网站的第三方开放接口导入用户、利用种子用户带来更多用户、在主流媒体上发布产品软文提高曝光度、搜索引擎优化等。

在获取用户阶段需要关注两点：一是从不同渠道获取的用户的数量和质量，重点关注回报率较高的推广渠道；二是提高用户注册转化率，关键在于优化产品的着陆页，准确传达产品核心价值，并加强新手引导，降低用户使用门槛，结合不同阶段用户群体的特征，制定合适的拉新策略，并时刻关注各个核心数据指标。

（2）促进活跃。促进活跃是在获取用户后，通过引导用户完成系列行为动作，提高其活跃度，从而将注册用户转化为活跃用户的过程。活跃度的定义取决于产品，当用户完成了产品团队和运营团队给用户指定的系列动作时，就可以认为是活跃用户。用户具有活跃度说明产品对于用户能够带来价值，用户愿意在产品中发生一系列行为。在做产品迭代时，也应根据不同版本的用户活跃度数据的变化情况进行分析，持续改善产品。

在提高用户活跃度阶段，常用的运营策略包括构建用户成长体系、利用种子用户入驻吸引其粉丝入驻、策划线上和线下运营活动激发用户活跃、采用VIP用户会员制差异化对待以满足VIP用户的虚荣心，促使普通用户转化为VIP用户等。

（3）提高留存。提高留存是通过分析日留存率、周留存率、月留存率等指标监控用户流失情况，并采取相应措施激励用户继续使用产品，增加用户留存率的过程。用户留存率反映了初期不稳定的用户转化为活跃用户、忠诚用户的比率，是十分重要的转化率数据指标，衡量着产品是否健康成长。提高用户留存率阶段，常用的运营策略包括定义流失用户和流失区间、采取用户召回机制、增加产品在功能、内容或运营机制上产出用户预期的体验等。

（4）增加收入。增加收入是通过促使用户消费，把留存用户转化为付费用户的过程。增加收入阶段需要关注生命周期总价值（life time value，LTV）这一重要数据指标，即用户给产品贡献的终生价值，是产品从用户的所有互动中所得到的全部经济收益的总和。在提高收入阶段，主要的运营策略主要有两种，一是确定合理的定价策略，即根据产品的特点，采用心理定价、折扣定价、差别定价等策略制定产品的价格；二是制定完善的消费模式，比如先试用后消费、VIP用户免费使用、用户积分体系等。

（5）口碑传播。口碑传播是指用户自发对产品进行传播，即自传播的过程。口碑传播阶段需要关注的数据指标是推荐系数（K因子），即K=每个用户向其他用户发出的邀请的数量×接收到邀请的人转化成新用户的转化率。如果$K>1$，用户群不断增加；如果$K<1$，用户群逐步停止增长。在口碑传播阶段常用的运营策略有：制定分享邀请机制，给予用户响应奖励，以激励手段获得更多的潜在用户；对产品进行创意推广，形成产品的相关热门话题，吸引用户眼球；增加产品超出用户预期的体验等。

2. 平台运营流程

电力科技知识服务平台处于上线初期，结合平台的用户对象和生命周期，其运营流程主要遵循"边试用推广，边迭代更新完善"的思路。在运营阶段初期，明确平台定位和运营目标，保证平台正常运行，开展电力科技知识资源在运营管理体系、计费管理体系、内容质量管理体系方面的研究工作，形成适用于电力科技知识资源的运营模式，重点以宣传推广、聚集流量为目标，旨在沉淀资源、验证技术、培养用户使用习惯，扩大产品影响力和知名度。

（1）运营体系构建。在平台建设之前，规划平台建设和运营的各个阶段里程碑节点，并根据每个节点时间构建运营体系，进行平台运营工作的整体安排。首先，针对知识资源运营模式、管理体系和工作流程开展广泛的调研，研究影响可持续运营的各个环节和各个要素。其次，以内容、用户、产品、运营等关键因素为核心，搭建适用于电力科技知识资源运营的运营组织体系、运营流程体系、内容运营管理体系、用户运营管理体系、活动运营管理体系、产品运营管理体系、市场运营管理体系、运营分析体系。并且，针对资源特点和不同的运营模式，构建全业务计费管理体系、在线计费管理子系统框架，同时，构建内容质量管理体系及评价体系。

（2）市场化推广。与公司统一权限管控系统打通，保证平台上线后国家电网公司各级单位员工都能顺利访问。做好在公司信息化项目试点单位和科技查新机构等目标机构用户中的推广工作，通过专题研讨、内部测试会等多种形式的推广活动，面向电力行业科研管理人员、专家学者、科研人员以及高校师生宣传平台资源和优势，并根据用户需求反馈不断优化平台功能。

产品实行免费和有偿并行的推广策略。免费为用户提供文献、标准、专利、成果、图书等资源库的摘要数据信息试用；为用户提供数据库、产品包等多样化产品，并提供数据资源下载、第三方机构的资源获取、专题数据定制、统计分析、趋势预测等知识服务，全文浏览、按照相关标准提供定制化有偿服务。在特定时期（如疫情时期）结合用户需要，策划免费开放全文资源活动，扩大用户覆盖范围，并通过平台内容和功能的不断完善，将大量新增用户沉淀下来，转化为存量用户和付费用户。

此外，选择合适的推广渠道和方式，协调内外部的资源并制定详细的计划，确定团队分工并执行；不断探索灵活的平台盈利模式，满足不同用户需求，对外开展线上线下广泛合作，不断扩大知识服务范围。

第二节　运营的细分和推广策略

一、常见的运营细分

运营是一个复杂的工作，在不同性质的公司运营的细分和职责也有所不同，但是基本上达成共识的几个运营职能包括内容运营、用户运营、活动运营和产品运营。当然在现在的互联网行业中，运营远不止上述的这四种，还有一些比较常见的特殊运营职能，如：新媒体运营、SEO/SEM［搜索引擎优化（search engine optimization, SEO）/搜索引擎营销（search engine marketing, SEM）］运营、渠道运营等，在知识服务平台的运营推广中重点涉及的还是上述普遍达成共识的四种职能。

（一）内容运营

1. 内容来源

运营内容的目的，就是向大众更好地展示产品形象进而去凝聚内容营销用户。内容按照产品形态的不同，也出现两种不同的分类。

第一类内容，是依附于具体产品的内容，它的存在只为更好的营销推广具体的产品，我们暂且将它称为"产品内容"。"产品内容"的目的是最大程度地增加产品的曝光率，通常喜欢在热点借势中巧妙植入自己的品牌。一般情况下，非媒体公司的微信公众号、微博、今日头条等新媒体矩阵产生的内容都属于"产品内容"。比如屈臣氏的微信推文，可口可乐的借势热点微博等。

第二类内容，暂且称之为"媒体内容"。它是将内容本身作为产品去打造，通过高质量内容去吸引凝聚用户，打造流量大的"媒体平台"进而实现内容变现。比如说"十点读书""大饼穿搭札记"等微信公共平台、"人人都是产品经理"等行业干货分享类的知识平台、四大门户、地方门户网站等，它们都属于将内容作为产品进而实现内容变现的"媒体内容"。这类的内容平台会结合当下热点、用户的心理快速创造易于传播的内容，风格基调基本一致。变现形式也可分为广告软文、知识付费、周边产品、电商等。

2. 内容的生产与传播

无论是"产品内容"还是"媒体内容"，其内容生产加工流程一般均为：内容采集——内容编写——内容管理——内容审核，再到内容运营的把控：内容策划——内容发布规则制定——内容管理规则制定——内容分类规划——内容价值挖掘——内容沉淀，最后到内容的分发与传播。

内容的来源一般有三种采集方向：专业人士编辑的内容，即PGC；用户草根创造的内容，即UGC；企业方、品牌方的专门内容产出，即OGC。平台产品的性质和特点的差异巨大，内容的采集方式则有着明显的差别，但无论是哪种产品，做好产品运营都需要注意以下几点。

一是用户定位和产品用户画像一致，内容要有针对性。我们要针对用户群体去做内容，与产品的用户画像、产品特征一致。例如，如果针对90后年轻人的轻应用生活产品，那么内容文案要活泼有趣、富有个性，呈现形式多样；针对职场爱美女性的购物、海淘产品，可以策划一些美容美体、服装搭配的内容；针对学习类的产品，内容上要直入主题。

二是持续定期输出原创性、个性化内容。拒绝直接转载、不加修改的复制粘贴，应该最大程度的原创内容。原创内容有两大好处：一方面能吸引用户阅读，凝聚用户；另一方面更容易被搜索引擎抓取，提升产品的关键字收录。一篇原创可以抵得上十篇甚至百篇的转载，持续性的定期输出原创性的内容，才是内容运营应该坚持的方向。这对内容团队的要求很高，如果原创性思维有所枯竭的话，建议整理、修改能够找到的素材文章进行二次原创。不过二次原创后，要去专门的原创监测网站进行监测。

个性化也是内容原创的方向。为内容赋予个性化标签：一方面能够和其他同类产品进行区别体现个性，就像提到"六神磊磊"大家都能想到金庸一样；另一方面也能增加用户的互动性。互联网时代，用户更愿意和生动的、有性格的产品进行互动，这也是为什么很多公众号都把自己官方客服设为某姐、某妹、某同学等人物昵称的原因。

除此之外，为了做更具有针对性的内容。我们应时常和用户进行互动，了解他们的需求，去创造用户喜爱的内容。内容的个性化打造的注意要点比较多，此处不做过多的陈述。

三是内容要有计划性、系列性、排版视觉性。计划性体现在对内容、活动的预判，避免临时想活动和随机抓活动。例如可以按照固定的月份、季度进行节日、规律性热点的提前梳理准备。结合产品的特点制作公关日历。公关日历的形式可以帮助我们提前策划营销的内容，抢抓先机。

除此之外，要将内容系列化、体系化，既便于培养用户的习惯，积累一批核心用户；也便于活动IP化，积累品牌势能，抢占用户心智；同时，持续的原创内容内容积累，也能够增加搜索引擎收录，提升收录率，增加品牌的曝光度。

至于排版的视觉性这个很好理解，就是在进行文字排版的时候，要用图片与文字相结合的形式，这样可以避免单纯的文字带来的视觉疲劳，给用户更好的体验。

（二）用户运营

以用户中心，本质就是满足用户的需求、为用户创造价值同时获得相应的回报。在这个过程中需了解用户、知道用户在哪里、怎样吸引用户、怎样激励留住用户、怎样让用户贡献价值和利益以及用户走后怎样拉他们回来等一系列的运营方法。

1．用户分层

在整个运营过程中，用户分层能帮助我们把用户分成各个层次和群体，然后我们根据各个层次和群体的不同，才能有的放矢地制定出更精准、更有针对性的运营策略。

用户清晰后，针对不同的用户利用不同的策略和方法进行有效的营销。用户运营是以用户为中心，遵循用户的需求设置运营活动与规则，制定运营战略与运营目标，严格控制实施过程与结果，以达到预期所设置的运营目标与任务。简单讲，用户运营就是吸引用户，留住用户，让用户对产品有黏性，足够活跃并有贡献，即用户拉新、用户激活、用户留存。

2．用户运营手段

从本质上来说，用户运营是运营策略的定位，明确产品的目标用户定位、商业市场份额、当前用户增长策略、增量空间等，在此基础上确定其他诸如活动运营、内容运营、社群运营等运营手段的应用和组合。所以，真正的用户运营，是策略的运营。除了对宏观商业环境的分析之外，用户运营主要包含了用户建模、用户成长体系和用户激励体系这三种重要的手段。

用户建模就是根据用户特征对用户分类的过程，也是开展众多用户运营手段之前必要的准备，关键在于"用户特征"的把握，即性别、年龄、地域、分享、购买、登录、点赞、评论等。总体来看，大致分为两种：用户属性特征和用户行为特征。用户属性特征就是用户与生俱来很难改变的特征，比如地域、年龄、性别等。而用户行为特征就是用户做出的行为所表现出来的喜好，比如登录、点赞、评论等。所以用户建模的切入点，无非就是用户属性和用户行为。

在用户属性特征上，比如地域，各个地区的电力科研用户的研究领域和方向可能都有差别。再聚焦一些，用户的研究方向的差别必然导致了用户需求的不同，产品方案的不同。而在用户的行为特征模型中，有一个模型最关键，适用于所有的互联网产品，就是用户活跃度，即我们常说的DAU、MAU、DAU/MAU、MAU/DAU等。

只是不同属性的互联网产品，对于用户使用活跃度的期冀不同，活跃度的颗粒度有所区别，但是一个产品的活跃度指标直接关系着这个产品的价值。而用户规模，累计注册用户数越往后期，越不重要。

用户激励体系其实是面向全体用户的，主要是针对普通用户，并引导普通用户向高级用户转化（而高级用户自然除了用户激励体系中的高层级权限，还需要更多的精细化运营，更多的特殊运营）。使用用户激励体系，就可以让大部分用户有意识地完成产品互动行为，并把潜在的普通用户或忠实用户区分展露出来。

（1）梳理用户价值和产品价值。用户对产品的价值，在激励体系里，指向某些关键用户行为。而产品对用户的价值（或者说用户需要用积分/行为兑换的价值）。

从大类来说至少分两种：产品自身可提供的价值、外部价值（指与产品功能/服务不相关的）。

实际上用户价值基本就是列举所有平台想让用户做的行为，见表5-1。

表5-1　　　　　　　　　　用户行为分类

按行为次数分	参考行为	备注
一次行为	注册、完善个人信息、完成基本设置等	大多是用户的一次性行为，或者是只期待用户完成的一次性行为
多次行为	签到、浏览、转发、评论、付费等	可以从用户的关键结果行为往前梳理，每一层漏斗都是一个行为价值；可以从板块、功能、产品品类上进行细分；可以从关键指标角度去挖掘行为，比如留存，一般是登录、签到等；比如新增，一般是邀请、转发等
临时行为	参加某个活动、浏览某个页面	通常是临时行为，如做产品推广、活动推广、广告投放等

（2）梳理连接层。这个层面，要考虑如何连接刚刚说到的两种价值，常规来说有以下三种：

1）直接联系：有一些特别有价值的行为，会直接对标奖励。常见如邀请新人即得现金等。

2）积分联系：用户通过行为获得积分，再使用积分去兑换价值。

3）成长值/层级联系：用户要达到一定层级（累计了一定成长值），才能得到该层级所能提供的奖励。

以上述三个大方向为基准，还可以从频次、时间去细分规划连接。

（3）表现层。从诱导因素上分，表现层分为：积分体系、成长体系、荣誉（勋章）体系等。

比如积分体系，积分体系想要做的，就是使用奖励为吸引点，以积分作为桥梁，促进用户完成某些必要行为，培养用户使用习惯。所以就玩法而言，变化通常产生在如何让用户获取和消耗积分上。若积分体系搭建完善、商城奖励吸引、积分感知价值高，就可以用积分来做各种活动的奖励，其策略都是配合使用的。

（三）活动运营

运营是采取一切人为的手段对产品进行干预的活动。活动运营是一个庞大的体系，如果把它比作一条链子，活动准备、活动目的、目标群体、活动策划、活动预热、活动执行、活动总结就是上面环环相扣的节点，缺一不可。因此，要先从整体上把握好活动流程，从而掌控具体的活动。对于出版行业，会议活动是最频繁的一种活动运营，因此我们重点还要了解会议营销的关键。

1. 活动流程

活动运营分为线上活动和线下活动，两者的运营方法、活动内容、活动形式等有着很大的差别，但无论是哪种活动，基本上都离不开以下几个关键的步骤。

（1）明确活动价值、目标：拉新、促活、品牌宣传，以及时间、资源。

（2）确定活动形式（挖掘马斯洛需求层次）：补贴、话题、有奖、游戏。

（3）切入需求：需求场景（如打车用滴滴）、热点事件（如闺蜜门）、逐利心理（如使用优惠券）。

（4）确定具体活动策划方案：目的出发——确定目的和时间——活动形式（有趣、简单、突出用户收益）——活动进度——推广宣传——风控/备选方案——上线前预热——上线后关注进度（优化流程、收集数据/用户反馈）。

（5）活动执行：数据监测、优化调整。

（6）结果公布：效果评估、复盘。

2．会议营销

会议营销的实质是通过锁定目标顾客群体，利用空间、演讲、展示、体验等形式全方位展现企业形象，并通过与目标群体的接触互动，进行销售意向的挖掘并进行隐藏式销售。

在运营工作越来越细分的当下，会议营销隶属于活动运营范畴，表现形式通常有沙龙、会议、展会几种形式。无论是哪种形式的会议营销，都需在过程中注意以下几点。

（1）沟通到位，真正领会领导的意图。领导对于公司战略，产品未来走向其实是最清楚的，所以在活动前的反复沟通与确认就相当重要。在活动策划开展之前，运营人员需要与领导们反复沟通，沟通前，做好Plan A、Plan B、Plan C，不同场地，不同主题，不同展现形式，不同阶梯的预算，每个计划预期覆盖的人群、达到的效果都需要清晰列明。与领导做一次深度沟通，确定好方向后，才能达到事半功倍的效果。

（2）明确目的，以最佳形式展示核心内容。以展会为例，目前行业峰会，论坛是同行进行品牌展示，业内交流的重要形式。通常，会聚集一些生产及服务厂家，就某个主题发表主题演讲，并设置相应的赞助商展位，同时邀请目标客户群体来现场参观交流。

所以，作为参展商，策划的重点就在于展厅、演讲、展位互动、媒体曝光这几部分。同时，可以联合新媒体运营同事，制作一个"关注有惊喜"的小型展台互动活动，扫码关注后，可进入到一个H5动画，并分享到社交媒体，就能获取精美礼品一份。互动环节的设置与礼品的选择，决定了客户对于这个互动的好感度与参与感，所以需要十分用心地去准备。

（四）产品运营

简单的说，产品团队创造产品是1，运营团队负责拓展是1后面的无数个0。产品生产出来，假如无法触达用户，则无法体现产品价值和实现商业价值。那么获取第一批种子用户则是产品运营面临的最重要的问题。

第一批种子用户，从他们影响到产品的目标用户，这些种子用户，需要的不是数量，而是质量。如何获取这批用户，不能靠等，需要运营去挖掘。在明确了目标用户的范围和影响途径后，获取种子用户时经常采取这样一些策略和方法。

（1）渠道运营先行，把产品推出去。很多人会认为，渠道运营和用户运营不是一回事，没有必然联系。当一个产品上线后，不管是App还是一个公众号，首要的是要通过渠道先把产品推出去，当有用户进来后才开始考虑用户运营。但实际上，在产品推广初期，很多运营人员都是先做渠道的工作，用户聚集了再做运营。其实在挑选渠道时，可以多关注渠道里本身的渠道活动，想挑自己的种子用户，就要利用好这些渠道。

（2）通过邀请的方式，给分享者和被分享者带来更多收益。初期的种子用户基本都是从好友推荐开始的。这个方法的转化率一定是相对比较高的，各类的工具、金融产品都很喜欢通过各种平台发布自己的有奖励邀请。而当大家都在使用这种方法，这个时候就要拼产品的稳定性，并且还要看公司能不能烧得起这个钱。如果考虑用这种方法的话，应该去考虑怎么去衡量投入和产出比，公司的承受范围等。

（3）平台活动：成本低，定位准。根据自己的产品属性，可以到很多用户分类多的平台上发布自己的平台活动来收集原始的种子用户。通过这种方式收集到用户信息之后也一定要及时跟进，并且和用户建立好后续的沟通路径。也就是说，可以利用微博这种已经成熟的平台，发布自己的活动，精准定位，获取种子用户。

二、平台的运营职责

根据以上四种运营的细分以及平台的特点，整体运营职能主要分为资源、产品、运营、商务、技术和支撑六个中心。其中，资源、运营、产品、商务四大中心承担了平台运营的主要任务，会重点阐述，技术中心则主要负责平台的迭代开发和技术运维，支撑中心则负责对内协调，处理内部事务，对接财务部门和出版管理部等。

（一）内容运营岗位职责和运营管理

资源中心主要是内容运营人员对内容的输入、加工整理以及审核发布等工作，同时为了保证内容的规范性和时效性，针对平台内容更新、发布制定了一系列运营管理措施。

1. 内容运营岗位职责

知识服务平台，聚集了大量的专业内容，因此内容运营就显得尤为重要，专门成立了资源中心负责内容运营的具体职能，主要涉及以下几个方面。

（1）专业内容的接入。对于外部接入的职业生产内容（occupationallygenerated content, OGC）内容，要对接好资源提供方（如万方、知网等），做好资源的需求分析及资源采购工作，做好数据资源的交接工作，并跟踪监控资源入库情况，以及资源分类情况，及时发现数据层面问题，告知资源提供和技术人员。

对于内部生产的PGC内容，需定期梳理资源待加工书目，确定加工的颗粒度。做好资源的整理并与外部资源加工方进行数据交接，保证数据的完整和准确性，同时根据用户对内容的需求随时调整加工计划和加工范围。

（2）内容资源加工。根据内容的不同分类和展现形式，对仅需PDF文件或紧急需求的图书进行图书PDF书签以及图书元数据加工，并校验入库。对需要进行碎片化加工的，加工好后并入相应的碎片化库（名词术语库、词条库、案例库、问答库等）。

（3）内容资源质检和审核。内容的质检需实时审核最新信息，及时发现站内垃圾、不良内容，并及时删除，避免造成负面影响。对批量加工、单本加工或碎片化加工的资源进行入库、质检和审核，并对资源的入库质检情况进行梳理。同时还要监控爬虫的爬取数据情况，对爬取资源的质量以及爬取资源的分类进行抽查，对不合格的资源进行反馈，与技术人员沟通爬虫爬取策略。

（4）内容更新发布。不同的内容因为性质特点不同，更新频率和流程也有着较大的差距，表5-2规定了平台资源更新的基本要求，包括平台各类型资源的负责人、更新频率及资源来源。

表5-2　　　　　　　　　　资源更新基本表

资源类型	负责人	更新频率	资源来源
图书	图书库负责人	每月	新书元数据：营销中心每月的主发新书书讯，更新新书元数据； 全文PDF：根据《英大传媒集团数字资源管理办法》遴选出的加工书目

资源类型	负责人	更新频率	资源来源
文献	文献库负责人	每季度	（1）外部数据采购更新； （2）网爬文献资源，清洗入库更新
期刊投稿一览表	期刊库负责人	每年	平台官网及邮箱信息更新； 科技核心期刊状态更新：根据每年11月出版的《××年版中国科技期刊引证报告（核心版）自然科学卷》进行数据更新
		每三年	中文核心期刊状态更新
标准	标准库负责人	每月	中国电力出版社新出版、新加工的标准
		不定期	按照《平台标准板块标准有效性确认工作管理办法》，从国标委、国家能源局、中电联官网等途径获取即将实施标准、作废标准、替代标准信息，及时更新标准状态
实验室	实验室模块负责人	不定期	各实验室自主更新数据如下： （1）实验室购买仪器设备后30个工作日通过实验室管理单元上传相关资料； （2）实验室仪器设备有数据变动及时更新； （3）可共享时间随时更新
专利	专利库负责人	每季度	采购
成果	成果库负责人	每年	（1）国网成果数据； （2）QC成果数据； （3）中国科技成果； （4）电力科技成果
资讯	资讯库负责人	每月	（1）资讯要点综述； （2）图书资源（图书库元数据更新及PDF电子书上新）更新资讯； （3）标准资源（有效性变更、新标准发布）更新资讯
		每季度	（1）文献资源更新资讯； （2）专利资源更新资讯
		每年	（1）成果资源更新资讯； （2）实验室新增、升级资讯

（5）镜像库管理。根据用户需求挑选各内容资源库相关资源打包形成本地数据库，并设置镜像库的访问方式，版权保护范围，副本

数、并发数等内容，对打包形成的镜像库进行审核。

（6）产品支持。对平台产品研发以及推广进行支持，参与产品策划与研发。

（7）资源统计。对平台资源情况进行统计，并按照一定时间周期发布平台资源统计报告。

2．内容资源运营管理

在明确内容运营具体职责的基础上，我们还针对内容的更新要求和发布流程，建立了一系列行之有效的管理制度，规范了内容资源更新的要求和流程。

（1）资源收集。各资源库负责人根据表5-2按周期定期收集需要更新的资源数据，形成《××资源更新信息详细表》及《××资源资讯发布文档》。其中《××资源更新信息详细表》为固定格式的Excel表，表格格式由各资源库负责人根据实际情况确定，以便资源入库使用。《××资源资讯发布文档》为资源数据更新的统计性说明文档，以供资源更新的资讯发布使用。

（2）资源审核。资源收集完成后，需在更新当月的25日之前提交《××资源更新信息详细表》及《××资源资讯发布文档》至平台负责人审核方可发布。

（3）资源发布。

1）需由资源负责人自主进行发布的资源，应在资源审核通过后的2小时内完成资源发布。

2）需在检修时进行发布的资源，应在审核通过后的24小时内将资源交给开发团队，并及时督促跟踪资源发布情况，在最近的一次检修时间中进行更新。

3）资源更新资讯发布。资源发布后24小时内，各资源负责人应确认无误后并通知资讯负责人进行资讯发布，资讯负责人应在收到通知后的24小时内发布资源更新信息。

4）资源交接。资源是平台运营的基础，资源在交接、存储过程中应严格履行手续，提高保密意识，涉及资源交接时应填写《资源交接单》。

5）资源负责人责任及临时接管。资源负责人应按照资源更新基本表及资源更新流程的要求保证资源及时更新，如有计划内外出时，应提前完成资源的收集整理及其资讯发布等工作。若因临时情况外出，表5-2中的下一模块负责人为上一模块的临时负责人，负责人应及时与临时负责人进行工作交接，资源更新相关工作则由临时负责人代为管理。

6）考核。资源更新的安全性、及时性和质量将纳入中心考核指标，与绩效挂钩。

（二）运营中心岗位职责和用户细分

平台推广尚处于产品推广初期阶段，因此运营中心主要包括活动运营和用户运营，为了工作的便利性，部分产品运营的工作在产品中心内部完成。同时还需明确平台主要的用户对象，并对用户进行细分。

1. 运营中心岗位职责

运营中心的岗位职责是运营细分中活动运营和用户运营的聚合，因此岗位职责也围绕着活动的策划、社群的维护、用户数据的统计分析展开。

（1）社区管理。管理审核平台论坛信息，策划社区栏目、话题，维护用户，监控论坛回复的效果以及质量，一旦发现问题及时汇报。效果监控做好每周的论坛记录统计，以及效果分析跟踪。

（2）专题策划。捕捉跟踪行业热点事件，选取具有代表性的行业事件或活动做成专题，提供全面信息，调动会员参与评论。

（3）活动运营。策划各种线上线下推广方式、介质，分析效果，及时调整，包括线上活动、线下活动以及其他的合作活动，如展会、行业论坛等策划活动执行各类活动的组织、执行与具体落实。与部门内其他成员沟通落实、执行活动各项工作。执行方案的撰写及活动报表编制。

（4）文案撰写。所有推广软文的撰写，以及各类新闻稿件、活动稿件撰写。

（5）软文发布。策划撰写软文稿，联系各相关网站（包括公众号）的编辑适时发布。

2. 平台用户细分

在明确运营中心职责的基础上，我们对平台用户对象进行了细分。

（1）从推广的先后次序划分。平台首先在信息化项目试点单位当中推广，具体包括国家电网公司总部、中国电力科学研究院、南瑞集团、英大传媒集团等。此外，平台上线初期还应考虑满足科技查新工作的要求，以查新协作组成员单位为主要服务对象进行推广，具体包括国网信通公司、山东电科院、上海电科院、江苏电科院、河南电科院、浙江电科院等。

（2）从机构隶属关系划分。平台上线初期应首先满足系统内单位的业务需求，再逐步向外部单位扩展。以同心圆划分，用户对象应由系统内单位，电网企业（南方电网），发电企业（发电厂），高校科研院所（华北电力大学、清华大学、中国科学院电工研究所等），规划设计单位（电力设计院、热工研究院等），设备制造厂（东电控制设备有限公司、哈电集团、特变电工等），直至一般机构和个人用户等。

（3）从服务场景划分。平台通过搭建不同服务场景满足不同用户的需求，一期的服务场景主要有科技查新、科技查重、共享实验室、融合出版、辅助决策等。面向的用户主要包括查新机构、公司实验室、传媒内部图书期刊中心、系统内其他期刊社等。

综上所述，平台上线初期，将以系统内部机构用户为主要客户对象，以信息化试点单位和查新协作组单位为重点目标，主动对接目标单位所属查新处、重点实验室、期刊社等二级机构开展服务。具体服务对象及服务内容见表5-3。

单位名称	用户划分	服务内容
国家电网总部	信息化试点单位	资源检索 资源查重 辅助决策
国网信通公司	信息化试点单位 查新协作组组长单位	资源检索 科技查新
中国电科院	信息化试点单位 查新协作组成员单位	辅助决策 资源检索 科技查新 共享实验室 融合出版 期刊库
南瑞集团	信息化试点单位 查新协作组成员单位	辅助决策 资源检索 科技查新 共享实验室 融合出版 期刊库
国网湖南电力	信息化试点单位	资源检索 科技查新 辅助决策 共享实验室 融合出版 期刊库
国网四川电力	信息化试点单位	资源检索 辅助决策 融合出版 期刊库
国网冀北电力 国网山东电力 国网河北电力 国网河南电力 国网上海电力 国网江苏电力 国网浙江电力 国网安徽电力	查新协作组成员单位	

（三）产品中心岗位职责

产品中心主要分为产品经理和UI两大部分，主要负责产品原型、页面布局、流程以及外观设计，跟进产品功能开发、测试和发布，同时需跟踪整个产品线和产品市场效果，根据产品运营数据提出产品功能优化、用户体验升级建议。

1. 产品经理

（1）产品策划。负责分析业务需求，调研收集用户体验，汇总形成需求池，并根据确定的需求进行产品流程设计、信息架构设计、页面布局以及原型设计。

（2）产品开发。负责推动、控制、协调、跟进产品功能的开发、测试和发布。制定产品线策略，实施产品生命周期管理，确认产品路线图。

（3）效果跟踪。负责与协调产品上线后的改进，bug跟踪，并调查研究网站用户对各种服务项目、产品、活动的满意度，收集改进意见，提供改进方案。

（4）产品升级。产品上线后，负责跟踪产品运营数据，收集分析用户行为和反馈，结合产品各功能的使用情况，挖掘用户对产品的需求，推动产品的更新优化和升级，以及持续改善产品用户体验。

（5）售前支持。负责总结归纳用户需求，并向用户传达产品理念和技术方案，同时把用户的需求传达给研发人员。

2. UI主要岗位职责

（1）负责平台用户界面及交互设计，切图，网页制作。

（2）负责协同产品经理和技术开发人员紧密合作，进行网页UI和交互方面的开发，确保用户有良好的试用体验。

（3）负责开展前瞻性的产品界面视觉设计研究，设计流行趋势分析，参与设计规范的建立和维护。

（四）商务中心岗位职责

平台运营初期，商务中心主要负责市场渠道的拓展分析、商务谈判、广告合作以及用户维护的职责，同时兼顾客服处理的部分职能。直接面对客户，推广平台产品，打造品牌。

1. 渠道拓展与分析

负责对网络推广、渠道运营等情况跟踪，收集市场信息、竞争信息，提出针对性推广运营思路，做出分析报告。

负责联系洽谈资源互换、广告互换、链接互换、内容合作、活动合作，整合各种推广渠道，对渠道进行评估，开展与相关媒体的公关合作，新闻软文发布。

2. 商务谈判

完成合作、广告、活动等商务谈判，维护商务合作关系，对整个商务合作的过程和结果负责，规划合作项目计划及进度执行，保证现有项目的稳定性，对项目进度负责。

3. 市场拓展

负责维系各合作伙伴的关系，促进项目收入稳步增长，同时深度挖掘合作伙伴需求，寻找新的合作点，拓展新项目；或者直接组织或参与各种会议，挖掘新的用户，进而开拓市场；策划、组织和督导所负责项目的市场推广活动，保证现有项目的商务推广拓展活动。

4. 用户维护

负责收集用户信息，了解分析用户需求，与用户建立良好的沟通关系，并进行有效的用户管理和沟通，使用户认可网站的产品或服务，对未采购客户进行有效沟通，促进合作。对已建立合作的用户进行维护，对用户的使用情况、使用效果进行反馈。

负责建立用户服务团队并培训客户代表等相关人员；定期或者不定期进行回访，以检查用户关系维护的情况。

5．品牌推广

负责策划平台的整体形象，大型活动的媒体宣传方式和组织方式，综合管理新闻媒体和各种整体宣传，制定新闻宣传策略和统一导向，利用各种互联网资源、网络媒介推广公司品牌、产品及服务，同时处理新闻负面事件。专业品牌推广服务，为平台定制品牌形象，助力平台提升品牌价值，传播品牌影响力。全面管理平台的各种标识展示的统一制定、设计和实施计划。制定广告合作方案和流量互换方案。

三、平台运营推广策略

（一）产品策略：数据+服务

电力科技知识服务平台主要为用户提供两类产品，一是资源类产品，二是功能类产品。资源类产品主要以专业数据库的方式为用户提供检索查询、全文浏览、资源下载等服务。功能类产品重点基于平台已有功能和上层应用，为用户提供几种与业务流程相关联的服务场景，帮助用户完成查新查重、仪器设备共享预约、资源存储调用以及数据分析可视化展示等工作。平台以打造能源电力领域数据库产品突出专业特色，场景服务与用户的业务职能、流程相融合。

平台产品运营遵循"边试用推广，边完善现有产品，边开发新产品"的思路。从试用推广的用户需求出发，逐步完善科技成果、技术标准、科技图书等现有数据库的资源规模，并在已有资源的基础上，进行数据产品的二次开发，从专业数据库逐步形成专题数据库，满足不同专业用户和细分市场的需求。

（二）定价策略：免费+有偿

在运营阶段初期，平台不以短期查新业务盈利为目的，重点以宣传推广、发展会员为目标，旨在沉淀资源，验证技术，培养积累用户，扩大平台知名度。在产品定价策略方面，无论是数据产品还是功能服务，以免费服务为主，同时向用户提供外文数据库的有偿服务。

1. 面向互联网用户提供的免费服务

平台运营初期，面向C端的互联网用户，以免费提供搜索服务为主。在数据产品方面，提供文献库、专利库、成果库、标准库等资源库的摘要数据信息，提供图书库的摘要信息和样章试读，提供图片库、视频库的在线浏览，同时提供外部商用数据库的官网链接。在功能方面，提供知识图谱探索、实验室信息查询以及决策支持等，为用户提供全文链接、公司重点实验室基础信息以及数据分析等服务内容。

2. 面向平台机构用户提供的免费服务

数据产品方面，免费为注册（或签署试用协议）的机构用户提供的数据库产品包括成果库、标准库、专利库、图书库、文献库等自有资源数据的全文检索、在线浏览。

功能服务方面：免费为用户提供一站式搜索、知识图谱、决策支持等全部功能；配合查新机构完善科技查新功能，配合公司实验室完善仪器设备共享预约功能；按照用户需求开展数据挖掘，完善决策支持功能。

3. 面向平台机构用户提供的有偿服务

针对外部商用数据库产品，平台拟采用众筹的模式集中采购，邀请外部数据库商对用户进行培训、试用，发现和培养潜在用户，以点聚面，形成规模效益，逐步实现能源电力领域资源在平台的集中全面汇聚，以满足系统内外电力能源领域查新业务人员、科研人员乃至大众的电力知识服务需求。

（三）渠道策略：自建+协议

电力科技知识服务平台营销渠道以自建为主，代理外委为辅，重点抓好三个依托。

一是依托国网总部工作机制。国网科技部各个业务处室归口管理的职能不同，对应管理的单位和人员也不同，各自在职能范围内形成了自己的"朋友圈"。例如，查新机构建立了公司查新协作组工作群，标准也按照专业拥有自己的标委会等，平台在宣传自身产品和服务，应主动与总部工作相结合，特别是为科技部各处室业务管理提供支撑，从总部角度出发发展基层单位联络点和联络人，形成自上而下的推广模式，建立平台自己的"用户圈"。

二是依托营销发行站店。中国电力出版社在各地的发行站与当地网省公司建立了稳固的合作关系，在经营传统图书业务的基础上，可以通过宣传走访等方式，将发行站店培养为平台在当地的宣传窗口，平台为站店用户提供数据查询业务，站店为平台发展内外部用户，做到纸质出版物与专业电子资源渠道互通。

三是依托外部代理机构。图书电子资源渠道代理有方正、知网、三鑫等，以高校和机构数字图书馆为主要目标客户开展资源服务，这些机构与集团电子资源存在一定的合作基础，可以站在集团利益最大化的角度，进一步与外部代理机构探讨共赢的合作模式。

（四）促销策略：试点+推广

从公司信息化项目建设的角度出发，在明确首批试点用户的情况下，平台上线后应首先满足试点用户的需求，重点在试点单位科研院所、期刊杂志等用户当中宣传平台资源和服务。

从平台外网部署的属性出发，平台上线直接面对互联网用户的访问。除机构固定用户外，面向互联网兴趣用户，应采取互联网平台推广的方法展开宣传。

第三节　运营成效

　　运营成效的分析与评判，是运营理念、运营策略、运营管理等各方面效果的检验，也是不断改进和优化平台功能的重要依据。成效分析重在数据分析，本节从数据的采集、分析、指标设置等方面，讲述了如何通过运营数据来评判运营效果，并以电力科技知识服务平台为例，阐述了平台运营情况及成效，为其他知识服务平台的运营分析提供参考。

一、运营数据采集

　　回顾数据分析的历史，从"您是第××位来访用户"到现在百家齐放的专业工具提供商，数据分析已经逐渐发展衍化成一门科学。但面对形态各异的分析数据，很多人仍然困惑于数据的来源，因此，了解数据的采集原理具有重要意义。以平台或网站为例，数据主要有三种采集方式：Web日志、JavaScript标记和包嗅探器。

（一）三种采集方式

1. 以Web日志的方式

　　平台分析数据的采集从访问者输入URL向平台服务器发出http请求开始。平台服务器接收到请求后会在自己的log文件中追加一条记录，记录内容包括远程主机名（或者是IP地址）、登录名、登录全名、发请求的日期、发请求的时间、请求的详细（包括请求的方法、地址、协议）、请求返回的状态、请求文档的大小。随后平台服务器将页面返回到访问者的浏览器内得以展现。

2. 以JavaScript标记的方式（又称"埋码技术"）

　　JavaScript标记以其快捷性和精确性已经得到大多数平台的青睐，

已经发展成为当前最为流行的数据采集方式。JavaScript标记同Web日志收集数据一样，从平台访问者发出http请求开始。不同的是，JavaScript标记返回给访问者的网页代码中会包含一段特殊的JavaScript代码，当页面展示的同时这段代码也得以执行。这段代码会从访问者的Cookie中取得详细信息（访问时间、浏览器信息等）并发送到数据收集服务器。数据收集服务器对收集到的数据处理后存入数据库中。平台运营人员通过访问分析报表查看这些数据。

3. 包嗅探器的方式

平台访问者发出的请求到达平台服务器之前，会先经过包嗅探器，然后包嗅探器才会将请求发送到平台服务器。包嗅探器收集到的数据经过数据分析处理服务器后存入数据库。随后平台运营人员就可以通过分析报表看到这些数据。

（二）优劣性对比

不同数据采集方式决定了不同的特性，没有一种数据采集方式是完美无缺的，了解不同采集方式的优劣，会对工具的选择也有一定的指导作用。三种数据采集方式的优劣比较见表5-4。

表5-4　　　　三种数据采集方式的优劣比较

优缺点	Web日志	JavaScript标记	包嗅探器
优点	（1）比较容易获取数据源； （2）方便对历史数据再处理； （3）可以记录搜索引擎爬虫的访问记录； （4）记录文件下载情况	（1）数据收集灵活，可定制性强； （2）可以记录缓存、代理服务器访问； （3）对访问者行动追踪更为准确	（1）对跨域访问的检测比较方便； （2）取得实时数据比较方便
缺点	（1）无法记录缓存、代理服务器访问； （2）无法捕获自定义的业务信息； （3）对访问者的定位过于模糊； （4）对跨域访问的监测比较麻烦	（1）用户端的JS设置会影响数据收集； （2）记录下载和重定向数据比较困难； （3）会增加平台的JS脚本负荷	（1）初期导入费用较高； （2）无法记录缓存、代理服务器访问； （3）对用户数据隐私有安全隐患

决定选择采用哪种数据采集方式之前，需要先了解自己的需求。如果不想让平台的流量数据被任何第三方获取，那么优选Web日志。但想得到更贴近平台访问者行为的精确数据，还是需要采用JavaScript标记采集数据。这种数据采集方式不仅可以对缓存访问、代理访问正确记录，而且可以通过Cookie对独立访问者进行更为精确的定位。

为了获得多方面的数据可以同时采取多种数据收集方式。例如，采用JavaScript标记采集精确数据的同时，为了搜索引擎优化对Web日志中的搜索引擎爬虫记录也进行分析。也有已经采用包嗅探器采集数据，但为获取缓存访问而同时进行JavaScript标记。

平台综合利用了上述三种采集方式，实现优势互补，各取所长，其中网络数据的采集用到了Web日志和JavaScript标记的方式，运营流量数据的采集用到了包嗅探器的方式，达到了数据全面、精准、安全、高效采集的目的，为运营数据的分析和应用打下了坚实的基础。

二、运营数据分析

（一）数据分析的目标、作用和意义

1. 数据分析的目标

对于平台运营而言，数据分析可以辅助优化流程、降低成本、提高效益，这类数据分析称为商业数据分析。商业数据分析的目标是利用大数据为运营人员做出迅捷、高质量、高效的决策，提供可规模化的解决方案。商业数据分析的本质在于创造商业价值，驱动企业业务增长。

2. 数据分析的作用

通过平台为目标用户群提供产品或服务，而用户在使用产品或服务过程中产生的交互、交易等信息，都可以作为数据采集下来。数据分析的作用，就是根据这些数据洞察，通过分析的手段反推用户需求，创造更多符合需求的增值产品和服务，重新投入用户的使用，从

而形成一个完整的业务闭环。这样的完整业务逻辑，可以真正意义上驱动业务的增长。通过平台的数据分析，一是可以进行推广效果评估，指导和优化平台的推广方式；二是可以对平台页面布局合理性及吸引力、频道间相关性和协同性等情况进行评估；三是可以分析平台内容对访问用户的吸引力；四是分析平台内/外流量导入/导出的情况，以及用户的访问路径，了解合作平台、外部网站等带来的合作价值；五是根据搜索关键词的分析，帮助平台进行内容优化及功能完善；六是分析市场活动的行为指向，了解市场运作及合作方带来的流量价值；七是了解访问者最常进入以及最终流失的路径，找到如何留住忠实访问者及避免用户流失的方法；八是了解访问者最关注哪些栏目。

3. 数据分析的意义

综上所述可以看出，数据分析的意义主要包括：

（1）了解平台的目标人群特征，为产品设计提供重要依据。

（2）了解平台关注行业用户量的潜在规模。

（3）对比行业平均指标，作为评估平台自身发展的指标。

（4）分析平台与竞争对手之间的用户重合度。

（5）分析平台内部各栏目间的用户重合度。

（二）数据分析的内容

平台统计分析通常按日、周、月、季度、年或围绕营销活动的周期为采集数据的周期。当然单纯的平台访问统计分析是不够的，我们在分析报告中需根据平台流量的基本统计和可采集的第三方数据的基础上，对平台运营状况、营销策略的有效性及其存在的问题等进行相关分析并提出有效可行的改善建议，这才是平台运营分析的核心内容。具体包括以下几方面的内容：

（1）平台访问量信息统计、发展趋势的基本分析。

（2）在可以获得数据的情况下，与竞争者进行对比分析。

（3）用户访问行为分析。

（4）平台搜索关键字数据分析。

（5）平台营销效果分析。

（6）用户意见与建议统计分析。

（7）各分类资源浏览、下载量等数据分析。

（8）平台专题的效果统计。

（9）平台销售转化分析。

（三）数据分析的方法

1. 数字和趋势

看数字、看趋势是最基础的展示数据信息的方式。在数据分析中，可以通过直观的数字或趋势图表，迅速了解如市场的走势、订单的数量、业绩完成的情况等，从而直观地吸收数据信息，有助于决策的准确性和实时性。

对于一般的平台类产品，流量是非常重要的指标。将平台的访问用户量（UV）和页面浏览量（PV）等指标汇聚到统一的数据看板（dashboard），并且实时更新。这样的一个数据看板，对于运营来说，核心数字和趋势一目了然。

2. 维度分解

当单一的数字或趋势过于宏观时，我们需要通过不同的维度对数据进行分解，以获取更加精细的数据洞察。在选择维度时，需要仔细思考其对于分析结果的影响。

3. 用户分群

针对符合某种特定行为或背景信息的用户，进行归类处理，就是用户分群（segmentation）的手段。也可以通过提炼某一群用户的特定信息，创建该群体用户的画像。

4. 转化漏斗

绝大部分商业变现的流程，都可以归纳为漏斗。漏斗分析是最常见的数据分析手段之一，无论是注册转化漏斗，还是电商下单的漏斗。通过漏斗分析可以从先到后还原用户转化的路径，分析每一个转化节点的效率。

其中，需要关注三个要点：第一，从开始到结尾，整体的转化效率；第二，每一步的转化率；第三，哪一步流失最多，原因以及流失的用户的特征。

5. 行为轨迹

关注行为轨迹，是为了真实了解用户行为。数据指标本身往往只是真实情况的抽象，例如，平台分析如果只看访问用户量（UV）和页面访问量（PV）这类指标，断然是无法全面理解用户如何使用你的产品。

通过大数据手段，还原用户的行为轨迹，有助于增长团队关注用户的实际体验、发现具体问题，根据用户使用习惯设计产品、投放内容。

6. 留存分析

在人口红利逐渐消退的时代，留住一个老用户的成本要远远低于获取一个新用户的成本。每一款产品，每一项服务，都应该关注核心用户的留存，确保做实每一个客户。可以通过数据分析理解留存情况，也可以通过分析用户行为或行为组与回访之间的关联，找到提升留存的方法。

7. A/B测试

A/B测试用来对比不同产品设计/算法对结果的影响。产品在上线过程中经常会使用A/B测试来测试不同产品或者功能设计的效果，运营可以通过A/B测试来完成不同渠道、内容、广告创意的效果评估。

不能度量就无法增长，数据分析对于企业商业价值的提升有着至关重要的作用。

（四）数据分析的展现形式

数据的展现形式包括但不限于：柱状图，折线图，饼状图，热力图，词云，可下载、复制的表格数据等，如图5-1 ~ 图5-3所示。

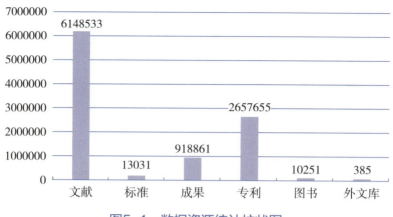

图5-1　数据资源统计柱状图

图5-2　来源分析柱状图与饼状图

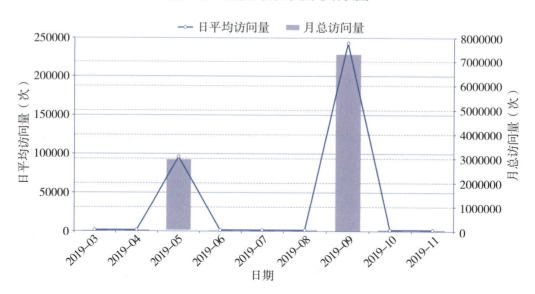

图5-3　访问量统计折线图

专业制胜——电力科技知识服务平台建设与运营探索

在得到统计数据后，需要定期评估平台页面格局的合理性，考虑是否调整布局结构，跟踪销售额和销售机会。

（五）数据分析的优化

数据分析要从解决实际问题出发，在做数据分析优化时要关注两点：一是对不同项目，侧重不同的运营指标；二是要结合项目进行指标拆解。

1. 运营数据指标

对于不同类型项目，应针对关键数据进行分析，故其进行数据分析的指标是不同的，在运营中应有所侧重进行分析，才能真实反映实际情况。不同响应一个分析的主要运营数据如表5-5所示。

表5-5　　　　不同项目应分析的主要运营数据

新媒体运营	产品运营	社群运营	APP运营	电商运营
粉丝数 文章阅读量 文章分享率 广告收入 ……	DAU/MAU 新增用户数 留存用户数 GMV ……	粉丝数 活跃度 线索转化率 广告收入 ……	DAU 激活数 注册数 留存率 ……	GMV 复购率 老用户转介绍率 订单转化率 ……

注：GMV（Gross Merchandise Volume）表示成交总额，一般指年度总收入。DAU（Daily Active User）表示日活跃用户数量；MAU（Monthly Active Users）表示月活跃用户人数。

2. 数据指标拆解

分析数据，要拆解指标，找二级、三级指标，找到背后的影响因素，才能通过数据分析发现问题，提出解决方案。如对一个公众号推广的在线产品订单数进行分析，其二级数据为推广软文阅读量+广告页点击数，对推广软文阅读量分析其三级数据为渠道1阅读量+渠道2阅读量。只有这样分析，才能最终找到原因。

数据分析都是个性行为，各项指标的分析没有共性，因此优化的过程也不具有可复制性，要在每一项数据分析积累到一定程度后进行个性的优化，不能一概而论，而是根据分析结果的实际情况，以及运营者的需求进行优化，以达到对运营者一击即中的效果。

三、运营数据指标

平台运营的数据指标，是对平台访问信息、使用信息、反馈信息等的收集和归类，以及在此基础上对平台运营效果进行的科学统计分析与评价，以更好地指导产品优化与迭代，提升产品效益和用户满意度。一般而言，平台重点的运营指标包含以下几种：

（1）入库资源的数据总量：平台各类资源按照条数统计的总和。

（2）入库各类资源的数据量：按照资源的种类，统计每种资源的数据量。

（3）访问人次：即平台的访问人次，通常以日访问人次统计，此指标不排除同一访客同一天访问多次。

（4）日均访问量：指对应时间范围内，平台每日的平均访问量。

（5）独立访客（UV），也称独立IP，指访问站点的独立访客，通常以日访问人次统计，每台独立上网电脑被视为一个独立访问者。同一电脑多人使用时，不重复计算，仍视作一个独立访问者。

（6）UV%：指选择时间范围内，某个类别的UV占总UV的比例。

（7）人均访问页数（PV值），访问者平均访问页面数，即

$$PV值=访问总页面数/访问人次$$

这项指标同样重要，访问者平均访问页数越多，越能实现平台的目的指向。

（8）PV%：指选择时间范围内，某个类别的PV占总PV的比例。

（9）人均停留时间，访问者在平台停留的时间，即

$$人均停留时间=平台所有访客停留总时长/访问人次$$

（10）投资回报率。投资回报率是由每笔产出与每个订单成本算出的，平台中的页面、广告在回报率方面总是有高低之差，运营者可以通过数据分析出哪个广告、哪个页面、哪个关键词的回报率较高，哪些回报率较低，然后对回报率高的增加投入，而对于回报率少的减少投入，更有针对性地去投入，使网站的整体投资回报率最大化。

以上这些是几乎每个平台都要重点关注的数据指标，能够最直接地反映平台的建设情况、使用情况和效益情况，从而为运营工作的改进和优化提供指导。除此之外，还有一些运营数据指标，可以根据平台类型和功能的不同，有区别地选用，如最高日访问量、访问最多的页面、新访客比例、跳出率、回访率、访问路径、最高小时在线人数、访客平均停留时间、页面转换率、IP段、地理位置、用户专业分布等。

四、电力科技知识服务平台运营效果分析

（一）平台运营总体情况

电力科技知识服务平台（中国电力百科网）于2019年1月上线以来，迄今为止稳定运行1年多。上线以来，平台不断丰富完善平台功能需求及数据资源。目前平台已建成国家电网有限公司科技成果奖励库、技术标准库、电学专利库、文献库和图书库5个数据库，积累各类型资源总量超过1000万条，用户访问量突破120万人次，通过不同链接形式与国家电网有限公司外部官方网站、国家知识服务平台、重大科研基础设施和大型科研仪器国家网络管理平台实现互联，凭借电力科技知识图谱等平台特色亮点荣获4个奖项，服务国家电网有限公司实验室开放共享等科技创新重大举措。平台特色功能如下。

一是建成电力行业最大的科技知识图谱。包括实体2235.6万个，关系8645.1万条。具备图谱探索、路径发现、关联分析等功能，改变

了原来关键词匹配的检索方式，为用户直观展示人物、机构、知识点等实体知识内容与实体间关系。

二是建成国家电网公司共享实验室共享模块。收录100家公司重点实验室仪器设备信息，包括19家国家级实验室，涉及设备总量5637台，实验系统552套。具备仪器设备搜索、实验室信息详情展示等功能，是支撑电网科技创新的重大举措，为深入开展实验室共享服务奠定基础。

三是建成融合出版功能，建立用户上传图片、视频、音频等各类型数据的通道，以在线生成二维码等方式实现数字内容与纸质内容的连接，构建科技图书、期刊多类型多形态知识融合能力和展现方式，为出版业务和科技期刊的数字化转型打下基础。

（二）平台运营情况

1. 资源情况

截至2020年5月，平台通过自有资源加工转化、外部资源按需采购、互联网资源定向采集等多种手段，积累文献、标准、成果、专利、图书、外文库等各类型资源数据总量达12079203条，平台数据资源统计如图5-4所示。

其中，文献6271217条，标准12548条，成果919061条，专利2730437

图5-4 平台数据资源统计

条，图书10450条，外文库2135490条，初步建成能源电力领域权威的知识资源数据库如下：

（1）国家电网公司科技成果库。经国家电网公司授权，收录2003年以来国家电网公司获得国家级、行业级科学技术进步奖、专利奖等各类型奖励信息，实现了国家电网公司科技成果的集中展示和对外传播，为提升国家电网公司科技创新成果影响力发挥了积极作用。

（2）国家电网公司技术标准库。以国家电网公司技术标准体系表为基础，收录国家电网公司调度、运检、基建等各专业现行的国家标准、行业标准、企业标准等，有效支撑了技术标准的推广实施。

（3）国家电网公司实验室仪器设备库。按照国家电网公司的统一安排收录100个重点实验室仪器设备信息，支撑国家电网公司科研基础设施和仪器设备面向全社会提供开放共享服务。

（4）电力行业精品图书库。收录英大传媒集团中国电力出版社独家精品图书资源，现有近4000种科技图书全文数据，形成独具行业特色的最大图书库，支持在线阅读和付费下载。

（5）融合出版视频资源库。为了支持传统出版通过二维码与多媒体内容相结合，适应用户的阅读习惯和阅读场景的变化，平台开发融合出版功能，目前支持图片、音频、视频、其他等多种格式资源上传，经发布审核后供用户在线预览使用，现已发布视频资源500余个。

2．用户统计

自平台上线以来，用户访客IP数量累计为100428个，日均访客达183个。用户访问平台主要为直接访问，约占平台总访问量的98.91%。互联网访问量占比0.85%，其中，通过谷歌搜索引擎的导流访问累计占总访问量的0.05%；百度搜索引擎的导流访问累计占总访问量的0.18%；其他搜索引擎导流访问量占0.01%。

3．运营分析

（1）访问模块分析。从目前用户访问情况来看，平台专利库为用户访问最多的模块，月均访问量达6610次/月；平台文献库为用户访问较多的模块，月均访问量达1163次/月。平台标准库月均访问量达948次/月，平台图书库月均访问量达792次/月，如图5-5所示。

图5-5　平台资源库用户访问情况

目前平台暂未向用户开放资源下载权限，用户的操作行为主要集中在搜索和全文浏览。其中，以专利库和文献库的全文浏览比较多，全文浏览量累计达1559399人次和496136人次。

（2）用户数据分析。自平台上线以来，页面浏览量PV累计为1287553人次，平台日访问量2620人次，月均访问量78600人次。为方便统计查看运营数据，可导出运营分析报告（日报、周报、月报）查看详细信息。

（三）平台互联及知识服务成果

1. 平台互联

平台注重打造知识共享生态。2019年8月23日，平台与国家知识服务平台对接，获授"国家知识服务平台电力分平台"，是获授平台中唯一一家央企单位（见图5-6）。2019年5月28日，国家电网有限公司提出推进科技领域"四个开放、四个合作",把开放实验室研究资源作为公司实验室开放共享工作的重要支撑,平台与重大科研基础设施和大型科研仪器国家网络管理平台实现互联,此项工作获得新闻联播、新华社、人民网、澎湃等主流媒体广泛报道(见图5-7)。通过平台之间的对接,实现了流量互引、数据共享、优势互补,构建知识服务圈和共享生态圈,扩大平台的品牌知名度和影响力。

图5-6　平台获授"国家知识服务平台电力分平台"

图5-7　平台实验室功能支撑公司科技创新重要举措

2．知识服务成果

电力科技知识资源服务系统自上线以来通过系统的介绍推广在新闻出版、知识服务以及人工智能技术创新方面获得多个部级奖励（见图5-8）：

（1）2019年1月11日，在第十二届新闻出版业互联网发展大会上，平台获得"优秀知识服务平台"荣誉；

（2）2019年5月28日，在中国北京文化创意博览会评选中，获得"数字渠道创新应用"荣誉；

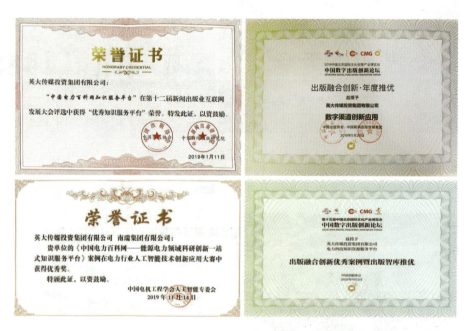

图5-8　平台部分荣誉

（3）2019年11月14日，在由中国电机工程学会人工智能专业委员会举办的电力行业人工智能技术创新应用大赛中荣获优秀奖；

（4）2020年9月，在中国数字出版创新论坛中，获得"出版融合创新优秀案例暨出版智库推优"荣誉。

（四）运营成效及改进措施

电力科技知识服务平台（中国电力百科网）上线一年以来，在功能开发、资源建设、平台互联、运营管理、宣传推广等方面齐头并进，收获了一批用户，积累了一些数据，探索了一条商业路径，取得了一定的社会效益和经济效益，初步打造起中国电力百科网的品牌。但仍存在不足之处，比如平台资源的更新频率仍需提高、功能体验仍需优化、推广力度仍需加强、运营制度仍需完善等问题，需要重点解决。

对于出版单位来讲，内容资源是优势，但要发挥好这个优势，需要一系列的因素，比如内容资源的数字化、规范化、标准化，技术应用的前瞻性、适配性、灵活性，更重要的还有运营。下一步，中国电力百科网不仅要发挥资源积累的优势，而且要在技术、运营等方面全面发力，完善运营体系，加强服务能力，做好数据资产管理，深挖数据价值，进一步开拓互联网运营模式，力争打造出具有市场竞争力、满足用户需要的优秀产品。

本章小结

本章从运营的概念及内涵、运营细分和推广策略以及运营的成效三个方面，深入讲述什么是运营，运营的细分和职责，以及怎样评价运营的效果。

从整体上看，平台目前已经建立了初步的运营体系，并明确了职责分工，围绕能源电力行业科技人员、技术技能人员、高校电力相关专业师生及个人等核心用户开展运营工作。

从效果上评价，在产品推广初期，无论是数据指标还是市场反映或用户反馈，平台已经取得了一定的成效。在经济效益方面，平台于2019年1月上线，一年时间在没有大规模宣传推广的条件下凭借行业口碑，用户访问量突破120万人次。目前已经与国网浙江省电力有限公司、国网湖南省电力有限公司、国网上海市电力公司、国网甘肃省电力公司等企业签订合同，年收入突破200万元。社会效益方面，平台共享实验室模块将成为整个电力行业实验室的对外展示平台，并与国家科技资源平台进行对接。凭借电力科技知识图谱等平台资源和功能特色荣获4个奖项，获得行业认可和好评，也为平台的后续发展提供了信心和动力。

参考文献

[1] 黄有璨. 运营之光2.0——我的互联网运营方法论与自白[M]. 北京：电子工业出版社，2017.

[2] 张亮. 从零开始做运营[M]. 北京：中信出版社，2015.

[3] 金璞. 互联网运营之道[M]. 北京：电子工业出版社，2016.

[4] 李颖涵. 基于AARRR模型的Airbnb用户增长策略研究[D]. 北京邮电大学，2018.

[5] 彭高辉，王志良. 数据挖掘中的数据预处理方法［J］. 华北水利水电大学学报（自然科学版），2008，29（6）：63–65.

[6] 孙立伟，何国辉，吴礼发. 网络爬虫技术的研究［J］. 电脑知识与技术，
     2010，06（15）：4112–4115.

[7] 李盛韬，余智华，程学旗，等. Web信息采集研究进展［J］. 计算机科学，
     2003，30（2）：151–157.

[8] 陈云朋. 试析新媒体平台中实现用户增量的运营策略[J]. 传播力研究，2019，3
     （20）：103.

[9] 潘京华. 知识付费平台的用户增长策略及其对图书馆工作的启示——以喜马拉雅
     FM为例[J]. 图书情报导刊，2019，4（10）：31–36.

[10] 燕志雄，唐振武. 用户规模、市场结构与平台定价[J]. 统计研究，2019，36
     （12）：106–118.

[11] 张庭诺. 新媒体新闻领域大众自传播的局限性及发展路径探究[J]. 新媒体研
     究，2018，4（21）：30–32.

后记

　　电力科技知识服务平台建设起步于2016年。这一年，习近平总书记在全国科技"三会"上发表重要讲话，提出了科技强国战略，对科技成果的转化与科技资源的积累、共享提出了更高要求。这一年，是国民经济和社会发展"十三五"开局之年，原国家新闻出版广电总局发布《新闻出版业数字出版"十三五"时期发展规划》，强调"在专业领域，开发成体系的专业内容知识资源产品和垂直服务平台，探索知识服务产业化应用模式"。这一年，在移动互联网和人工智能技术蓬勃发展的浪潮下，付费阅读成为了数字经济的一个风口。也是在这一年，英大传媒集团顺应产业发展的大趋势，在国家电网公司的战略指引和大力支持下，以打造能源电力领域一体化知识服务平台为目标，按照查新检索—辅助决策—战略引领"三步走"的平台建设运营发展战略，开始了以重大项目为依托、推动出版业务转型升级的大胆探索。

　　传统出版向知识服务的转型，主要是将海量的知识信息聚集在一个平台上，通过知识服务产品、整体解决方案等，不断满足用户知识需求。转型发展的过程既是业态的变革——从制造业迈向服务业，也是理念的变革——由内容提供商向知识服务商转变，以此创造新的运营模式和发展空间。

　　英大传媒集团在全面建设一流新型传媒集团的过程中，将传统出版与数字出版融合发展的能力明确为集团的竞争力。2017年，集团提出"加快建设一流新型传媒集团，要在数字出版和传统出版融合发展上实现突破"，明确数字出版业务发展的指导思想，就是以用户为中心，以"互联网+知识服务"为模式，融入公司发展战略，充分应用

"大云物移智"技术，以电力专业数据库为核心资源，构建电力科技知识服务平台（PC端+移动端）一个核心平台，打造融合出版物和基于互联网的知识服务两种产品形态，提供图书+融媒体出版物、网络课程、知识检索、查新服务、标准服务、共享服务等多样化知识服务模式，构建数字出版新业态。

2019年，在经过充分调研、论证和研究的基础上，集团制定了《数字出版业务三年发展规划》，形成传统出版以图书+融媒体出版物为主要形态、数字出版以知识检索+网络课程为主要形态、咨询服务以技术查新和标准出版为主要形态、文化服务以职工书屋和文化活动为主要形态的立体出版服务格局。

伴随着电力科技知识服务平台建设运营的稳步推进，集团顺势提出数字出版三项工作举措，即实施出版"生产再造""旧城改造"和"新城建设"。

"生产再造"工程旨在建立以数字出版为核心的生产机制，重塑"一次策划，多种产品"的现代化出版流程。"生产再造"的核心要义，是对传统出版流程进行升级改造，运用先进的技术和工具，逐步以计算机辅助加工替代原来手工纸稿加工，实现协同创作和审校。同时针对形式多样、不断出新的无纸化数字化产品，形成一套满足用户需求"宜书则书、宜网则网"的数字化产品生产流程。

"旧城改造"工程旨在构建多维度电力知识体系，按照市场需求和读者需要，拟定修订、改版、再版书目和数字化加工计划，打造经典书系，形成支撑发展的基石类产品线。"旧城改造"的核心要义是对存量出版物的梳理，通过修订、改版、再版等工作延续经典著作、精品图书的生命力。坚持专业出版"去低端、提中端、创高端"的出版思路，持续打造占领专业领域制高点的经典书、常销书、畅销书。持续优化出版供给侧产品结构，通过数字化的手段将经典著作、精品图书整理成精品图书库，借助电力科技知识服务平台开展线上的推广与销售，实现存量资源再变现。

"新城建设"工程旨在全力建设电力科技知识服务平台，目标不仅仅是将其打造为集团出版业务旗舰平台，更重要的是把平台的建设运营工作与国家知识服务战略统一起来，不断聚合权威的能源电力知识资源，创建一个具有行业影响力的品牌（SGI），促进整个国家电网公司的传统信息应用向知识全网关联的应用转变，高效支撑国家电网公司的科技创新和成果传播工作，同时推动传媒集团走出一条独具特色的融合发展之路。

2020年，国家电网公司党组将"具有中国特色国际领先的能源互联网企业"确立为公司长远发展的战略目标，彰显了公司党组把公司打造成百年老店、实现基业长青的坚定决心。作为公司支撑产业中唯一的传媒企业，英大传媒集团将全力支持公司和电网发展，发挥好对内统一思想、对外凝聚共识，塑造国网品牌、传承电力科技的光荣使命。在出版领域，集团将努力建设运营好电力科技知识服务平台，同步深化平台移动端开发及应用，持续不断地推出高质量的数字阅读产品，同时完善纸书与数字出版产品同步生产机制，形成"一次开发、多元应用、多次售卖"的新格局，实现发展动能从依赖传统业务，到纸媒与新媒体、纸质出版与数字出版四轮驱动的转变，不断推陈出新，抢占发展制高点。

本书的出版，既是平台建设成果的结晶，也是集团转型发展阶段性成果总结。面向"十四五"，随着集团数字化业务的加快推进，集团融合发展必将推出更好的数字产品，也必将留下更多的成果和经验供同行借鉴。